깊은 육화

피조물의 고통에 함께하시는 하느님

DEEP INCARNATION_ God's Redemptive Suffering with Creatures
by DENIS EDWARDS

Copyright © 2019 Orbis Books, Maryknoll, New York 10545, USA.
License arranged through rMaeng2, Seoul, Republic of Korea.
This Korean translation edition © 2025 by Leebook, Paju, Republic of Korea.

이 한국어판의 저작권은 rMaeng2 에이전시를 통해
저작권자와 독점 계약한 리북(LeeBook)에 있습니다.
저작권법에 의해 한국 내에서 보호를 받는 저작물이므로
무단 전재 및 무단 복제를 금합니다.

깊은 육화
피조물의 고통에 함께하시는 하느님

초판 1쇄 발행 | 2025년 7월 31일
지은이 | 데니스 에드워즈
옮긴이 | 홍태희
펴낸이 | 이재호
책임편집 | 이필태
펴낸곳 | 리북
등 록 | 1995년 12월 21일 제2014-000050호
주 소 | 경기도 파주시 회동길 50, 4층(문발동)
전 화 | 031-955-6435
팩 스 | 031-955-6437
홈페이지 | www.leebook.com

정 가 | 15,000원

ISBN | 978-89-97496-77-8

깊은 육화
피조물의 고통에 함께하시는 하느님

데니스 에드워즈 지음
홍태희 옮김

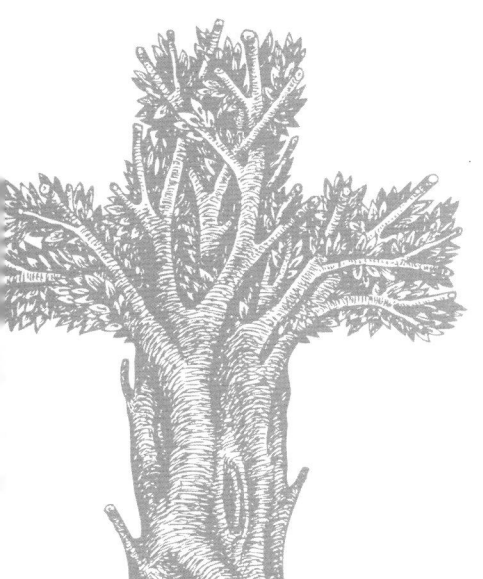

리북

| 추천의 글 |

Καὶ ὁ λόγος σὰρξ ἐγένετο — "그리고 그 말씀은 살이 되셨다." 이 짧고도 충격적인 요한복음의 문장은 그리스도교 신앙의 중심 진리를 가장 압축적으로 전달하는 표현으로, 하느님께서 시간과 공간의 조건 속으로, 구체적이고 물질적인 존재로 오셨다는 것을 가리킵니다. 이 구절을 원문 그대로 직역하면, 하느님의 말씀로고스이 단순한 인간이 아니라 '살'σὰρξ, 사르크스, 곧 유한하고 부패하며 고통받는 육체로 되셨다는, 인간 존재의 가장 연약하고 고통스러운 차원에까지 들어오셨다는 선언이 됩니다.

홍태희 박사님이 번역하신 데니스 에드워즈 신부님의 저작 《깊은 육화》는 바로 이 말씀의 깊은 의미를 동시대적 맥락에서 성찰하고, 전통 교의신학과 현대 생태신학을 창조적으로 통합하여 "육화"라는 신비를 더욱 포괄적이고 깊은 차원에서 재조명하는 탁월한 시도라 하겠습니다.

이 책은 단순히 '하느님이 인간이 되셨다'는 전통적 교리를 반복하는 데 그치지 않고, 그 말씀이 '살'이 되셨다는 사실의 생태학적, 우주론적, 진화론적 함의를 정면으로 마주

합니다. 곧, 말씀이 취하신 육신은 인간만이 아니라 식물과 동물, 행성과 은하, 세포와 DNA까지 포함하는 우주적 육체였다는 통찰이 책 전반을 관통합니다. 그 결과, 《깊은 육화》는 "육화"가 단지 신학적 주제 하나가 아니라, 창조와 구원, 종말에 이르기까지 그리스도교 신앙 전체를 통합하는 신학적 구심점이라는 사실을 독자에게 깊이 인식시켜 줍니다.

특히 요한복음 1장 14절에서 사용된 동사 "ἐγένετο"에게네토 "되다, 생기다"라는 뜻을 가지며, 말씀이 단지 육체를 입은 것이 아니라 아예 육체가 되어 존재의 상태를 전환하셨다는 급진적인 변화를 뜻합니다. 이는 그리스도께서 피조물의 운명에 완전히 참여하셨으며, 모든 생명이 경험하는 상실, 고통, 죽음, 부패의 조건까지도 하느님 자신이 직접 떠맡으셨다는 신학적 고백으로 이어집니다. 에드워즈 신부님은 바로 이 지점에서 '깊은 육화'Deep Incarnation라는 개념을 발전시켜, 말씀이 단지 인간성humanity을 취하신 것이 아니라, 생물학적 살과 피, 진화적 고통과 상실, 생태적 파괴와 재앙 안으로까지 깊이 내려오셨음을 천착합니다.

　《깊은 육화》는 닐스 헨릭 그레게르센, 엘리자베스 존슨, 아타나시우스, 이레네우스, 칼 라너 등의 사상과의 대화를 통해, 신학적 깊이와 역사성을 동시에 확보하고 있으며, 십자가 사건을 진화적 세계 안에서의 하느님의 고통의 연대와 자기증여로 재해석하고 있습니다. 고통받는 참새 한 마리의 죽음에도 함께하시는 하느님의 현존, 생명의 진화가 요구하는 비극적 대가를 당신 자신이 짊어지신 창조주의 자기비움 그리고 부활의 희망이 모든 피조물을 향해 열려 있다는 보편적 구원의 전망은, 오늘날 기후위기와 생명 멸종 앞에 선 인류에게 신앙의 근본을 다시 묻는 깊은 울림을 줍니다.

　홍 선생님의 유려한 한글로 다듬어진 이 책은 단지 신학 전공자만을 위한 학문적 논문이 아니라, 하느님이 왜 살이 되셔야 했는지 그리고 그 '살'은 어떤 살이었는지를 진지하게 묻는 모든 신앙인에게 반드시 필요한 길잡이가 될 것입니다. 특히 산업화 시대의 무관심과 인간중심주의를 넘어,

모든 피조물과 함께 울고, 함께 회복되어야 할 교회의 존재 방식을 고민하는 이들에게, 이 책은 하느님의 말씀이 지니는 실질적 현존과 윤리적 요청을 새롭게 깨닫게 해줄 것입니다.

"말씀이 살이 되셨다." 이 고백은 추상적 진리를 넘어서, 죽음을 이겨낸 생명, 타자와 함께한 연대, 땅과 별과 동물 안에 거하신 하느님을 향한 신앙의 언어입니다. 이 책을 통하여, 독자 여러분께서도 다시금 이 신비의 깊이에 담겨 있는 구원의 넓이와 하느님의 사랑의 심연을 체험하시기를 간절히 기도드립니다.

2025년 오순절 대축일에
서강대학교 신학연구소
소장 이진현 라파엘 신부 드림

| 옮긴이의 글 |

 어린 시절 공소에서 신자들과 함께 만과를 바치던 기억이 가끔 떠오른다. 할머니를 따라가던 그 기도의 길은 때로는 번거롭게 느껴졌지만, 눈에 보이는 세계 너머에 또 다른 차원이 있음을 어렴풋이 인식하게 해 준, 아름답고 소중한 추억으로 남아 있다.

 삶의 선택에서 언제나 직접 몸으로 부딪히며 체험하는 것을 중시했던 나는 공과대학을 졸업하고 제조·개발·마케팅의 산업 현장에서 글로벌 자본주의의 말단 구조를 직접 경험하였다. 그러나 어느 순간 능력과 의미의 한계를 절감하며, 손에 쥐고 있던 것을 내려놓고 젊은 시절 품었던 호기심을 따라 신학 공부에 도전하게 되었다. 전공을 결정해야 했을 때, 한 가지 기억이 선명히 떠올랐다. 화학 제품을 다루던 시절, 내가 만든 제품이 썩지 않고 지구를 떠돌 것이라는 사실에 느꼈던 죄책감이었다. 이 경험은 나로 하여금 생태신학이라는 영역에서 인간 활동의 결과를 성찰하고자 하는 열망으로 이끌었다.

 산업 사회에서 화학 폐기물로 인한 공해병이나 살충제

로 인한 생태계의 교란이 인식되면서 환경운동이 시작되었다면, 생태신학은 인간이 자연을 마음대로 이용하고 파괴하면서도 양심의 가책조차 느끼지 않는 문명을 근본적으로 성찰하려는 영성적 시도에서 출발하였다. 나에게 있어 그 시작은 토마스 베리Thomas Berry와 매튜 폭스Matthew Fox 등 생태신학의 선구자들에 대한 열정적인 관심이었다. 이어서 프란치스코 교황의 리더십 아래 《찬미받으소서》라는 회칙이 윤리적 실천과 신앙의 이정표로 제시되면서, 생태신학은 더욱 넓은 신앙 공동체의 관심을 끌게 되었다.

그러나 생태신학이 하나의 정합적 신학으로 자리매김하기 위해서는 조직신학적 토대를 갖추는 작업이 필요하다. 이에 응답하여 북미, 호주 등의 신학자들은 창조론을 비롯해 삼위일체론, 그리스도론, 성령론, 종말론, 성사론, 신정론 등 다양한 교의 분야에서 생태신학적 탐구를 활발히 전개하고 있다. 나 역시 이 흐름 속에서 데니스 에드워즈Denis Edwards 신부님의 글을 접할 수 있었던 것은 큰 행운이었다. 에드워즈 신부님은 교회의 전통적 교의틀을 존중하면서도,

이 시대의 가난한 자로서의 피조물들을 향한 신학을 명료하고도 거부감 없이 풀어내는 탁월한 신학자이다.

에드워즈 신부님이 재직하신 학교에서 수학하셨던 꼰벤뚜알 프란치스코회 이다한 신부님께서 지난해 《신앙의 중심에 있는 생태 환경》을 번역·출간하시면서, 많은 이들이 생태신학의 깊이를 새롭게 인식할 수 있는 계기를 마련해 주셨다. 이에 용기를 얻어, 그간 서강대학교 신학대학원에서 함께 공부하며 토론했던 에드워즈 신부님의 또 다른 저작《깊은 육화》를 번역·출간하게 되었다.

이 책이 2015년에 초판이 출간된 이후 약 10년이 지났지만, 여전히 한국 신학계의 토양은 생태신학에 대해 낯설고 조심스러운 태도를 보이는 경우가 많다. 그러나 양자역학이 일상적 기기 속에 구현되고, 기후위기와 생물종 대멸종이라는 현실이 지구 공동체의 평화를 위협하는 이 시대에, "하느님이 살이 되셨다."육화는 그리스도교 신앙의 가장 근본적인 진리를 현대적 감각으로 재해석하고 설명하는 것은 신학의 긴급한 과제라 할 수 있다.

최근에 본 영화 '콘클라베'에서 로렌스 추기경은 "교회가 가장 두려워하는 죄는 확신이다."라고 말한다. 신앙을 의심하고 자격을 의심하는 교회를 통해, 우리는 진리를 수호하기 위해 세상과 단절되기보다, 창을 열어 세상과 소통하는 교회의 모습을 그려야 할 것이다. 그리고 하느님을 창조주로 믿는 신앙인이라면, 이 세상에 인간 외에도 무수한 생명체가 존재한다는 사실과, 150억 년의 시간을 거쳐 끊임없이 새로움이 피어나는 이 우주 자체가 하느님의 사랑의 충만함이 드러나는 장소라는 통찰에 이르게 될 것이다.

마지막으로, 이 책을 함께 읽고 토론하며 깊이를 더해 주신 서강대학교 신학대학원의 동료들과 이름 없는 들꽃과 자연의 경관 앞에서 경이로움을 느끼며 생태사도직에 헌신하고 있는 평신도 동료들에게 깊이 감사드린다.

2025년 5월 희년의 성모성월에

홍태희 스테파노

┈┤차례├┈

추천의 글 • 4
옮긴이의 글 • 8
더피 강좌 출판 시리즈 • 14
서문 • 17
들어가기 • 21

1. 깊은 육화에 관한 최근의 신학 ········· 29
닐스 그레게르센의 깊은육화신학 • 30
엘리자베스 존슨 • 35
실리아 딘 드러몬드 • 42
크리스토퍼 사우스게이트 • 48
리처드 보컴 • 53
그레게르센: 깊은육화신학의 개선과 발전 • 59

2. 이레네우스와 말씀의 지상 육화 ········· 71
지상으로 내려온 일자: 창조와 구원의 경륜 • 73
육화와 총괄갱신 • 84
피조물의 변화 - 성자의 나라 • 92
하느님의 초월적 위대함과 지상에 내려오신 하느님의 사랑 • 98
이레네우스와 깊은 육화: 중요한 차이, 공명, 통찰 • 107

3. 아타나시우스와 육화의 깊이 ... 111
아타나시우스의 《육화에 대하여》 • 112
피조물과 함께하는 '지혜'의 존재 방식 • 125
신화神化, Deification • 129
구원은 보다 넓은 자연 세계를 포함한다 • 133
초월성을 초월하시는 자기낮춤의 하느님 • 136
아타나시우스와 깊은 육화: 중요한 차이, 공명, 통찰 • 145

4. 칼 라너의 진화적 세계에서의 육화에 대하여 ... 149
불변하는 하느님의 육화를 통한 변화 • 151
깊은 곳까지 도달하는 육화와 십자가 • 155
진화 세계 속에서의 육화 • 162
부활과 온 우주의 변화 • 170
외계 생명체 • 176
라너와 깊은 육화: 중요한 차이, 공명, 통찰 • 181

5. 십자가: 피조물과 함께 하시는 하느님의 구속 고난의 성사 ... 186
육화를 일으키시는 성령 • 187
육신이 되신 말씀을 구성하는 우주적, 진화적, 생태적 관계 • 194
하느님은 고통받는 피조물과 함께 고통받는다고 할 수 있다 • 198
십자가: 피조물과 함께하시는 하느님의 구속 고난의 성사 • 206
부활: 모든 피조물을 포용하는 치유와 완성의 약속 • 215
《찬미받으소서》와 깊은 육화 • 222

찾아보기 • 228

| 더피 강좌 출판 시리즈 |

지구적 그리스도교에 관한 더피 강좌

우리는 지난 수십 년간 그리스도교의 지구적 특성에 관한 인식이 점점 더 확산되는 것을 보았다. 그리스도교가 지난 2천 년에 걸쳐 보여 주었던 다양한 형태를 점차 인식하게 되면서, 그리스도교 신학이 단지 서유럽이나 북미로부터 유래하는 신학적 목소리에만 귀를 기울일 수는 없다는 것이 분명해지고 있다. 서유럽의 저명한 신학자인 칼 라너 Karl Rahner는 교회가 너무 오랫동안 무역회사와 같은 역할을 했다고 말하고 있다.

> 무역회사는 유럽의 종교를 전혀 변화시키고 싶지 않은 공산품처럼 수출하면서, 자신들이 우월하다고 생각하는 나머지 문명과 문화와 함께 전 세계로 내보냈다.[1]

그러나 제2차 바티칸공의회는 하느님의 말씀이 다양한

---

[1] Karl Rahner, "A Basic Theological Interpretation of Vatican II," in *Concern for the Church, Theological Investigations*, vol. 20 (New York: Crossroad, 1981), 78.

사회문화적 지역의 토양에 씨 뿌려지고 그에 따라 신앙에 관한 신선한 표현이 탄생하는 방식을 인정하였다.[2]

공의회 이후, 그리스도교 교회는 하나의 신앙이 깊게 토착화되면서 다양한 양식으로 표현되는 것의 가치를 인정하는 가운데 성장해 왔다. 이러한 표현 양식은 그 지역의 전례와 영성 혹은 독특한 종교 관습과 대중 신심을 통해 나타날 수 있다. 이 다양한 표현 양식에는 그리스도인들이 자신들의 지역적 맥락에서 제기되는 고유한 여러 질문과 관심사를 가지고 복음에 대해 비판적으로 대화하는 과정에서 생겨나는 믿음에 관한 신학적 표현들도 포함되어야만 한다. 이러한 목소리들을 그들의 사회문화적 맥락 안에서뿐 아니라 교회들 간의 친교Communio Ecclesiarum를 통하여 여러 교회로부터 들을 수 있을 때 보편교회는 풍요로워진다.

전 세계의 그리스도교 안에서 다양성이 놀랍게 성장하고 있다는 인식이 커지면서, 교회 전체를 통하여 다양한 신학적 목소리를 들을 수 있는 플랫폼이 시급히 필요하다는 자각이 생겨났다. 수많은 종교 서적 출판사 중에서 오르비스 북스Orbis Books는 전 세계 지역 교회들의 관심사와 통찰에 목소리를 실어 주는 일에 오랫동안 헌신하며 독보적인 위치를 차지하고 있다.

---

[2] The Second Vatican Council, "The Decree on the Missionary Activity of the Church" (*Ad Gentes*), article 22.

학계에서는 보스턴칼리지 신학부가 북미와 서유럽을 넘어선 신학의 목소리를 확실하게 담기 위하여 학문적으로 신학을 육성하고, 신학적 대화를 확장하는 것이 시급하다는 점을 인식하였다. 이러한 인식을 바탕으로, 보스턴칼리지 신학부에서는 2015년에 지구적 그리스도교 탐구를 위한 연례 강좌 시리즈를 마련하였다. 이 연례 강좌는 1971년부터 2007년까지 뉴올리언스의 로욜라대학교에서 조직신학을 가르쳤던 스티븐 더피Stephen Duffy, 1931~2007 신부를 추모하는 행사로 준비되었다. 그는 일생 동안 다양한 종교적 문화적 형태 속에서 하느님 은총의 보편적 도달과 그 은총의 구현에 관한 연구에 헌신하였다.

보스턴칼리지는 매년 각기 다른 대륙에서 국제적으로 인정받는 학자를 초청하여 그들이 선택한 주제에 대하여 5회에 걸친 연속 강의를 제공한다. 이러한 강의의 목적은 보스턴칼리지에서 교회 전체를 위한 신학적 대화를 넓혀가는 것이다. 각 연례 강좌는 오르비스 북스와 협력하여 책으로 출판된다. 과거에 더피에서 강의한 강사로는 마리아 클라라 빈게머Maria Clara Bingemer, 애그본키안메게 오로바토르Agbonkhianmeghe E. Orobator, SJ 그리고 아그네스 브라잘Agnes M. Brazal 등이 있다.

리처드 가야르데츠Richard Gaillardetz

| 서문 |

데니스 에드워즈는 고요한 영적 현존에 뿌리를 두고 있으면서도 그리스도교 신앙이 무엇인지 그리고 그것이 우리와 동시대인들에게 왜 중요한지를 설명하는 새로운 신학적 방법을 끈질기게 모색하는 보기 드문 현대 신학자이다.

내가 젊은 신학자였을 때, 신학과 자연과학의 대화에 기여한 데니스 에드워즈의 이름을 익히 알고 있었다. 그때에도 나는 그가 해당 분야의 많은 학자들과 구별되는 두 가지를 발견했다. 한 가지 사실은 그가 과학에 관심을 가진 것은 과학 그 자체에 관한 것뿐만 아니라 자신의 신학적 지평을 넓히기 위함이기도 했다는 것이었다. 이는 그의 가톨릭 신앙 전통에서 보면 원칙적으로는 위험한 것이었지만, 그러한 위험조차도 신학적 탐구의 일부였다.

또 다른 점은 과학뿐 아니라 신학에 대해서도 실천적 접근 방식을 취했다는 점이었다. 이것은 내가 읽은 그의 첫 번째 책인 《신앙의 중심에 있는 생태 환경》*Ecology at the*

*Heart of Faith: The Change of Heart That Leads to a New Way of Living on Earth*의 전면에 드러나 있다. 나는 데니스가 지금까지 대부분 창조신학의 맥락에서 틀을 잡았던 분야인 생태신학에 있어서 '깊은 육화'와의 관련성을 예리하게 이해하고 있다는 사실에 놀랐다. 깊은 육화에 관한 제안이 진화적 사고뿐 아니라 지나치게 선형적이고 인간중심적인 사고방식으로부터 우리가 번성하며 거주하는 지구를 구출하는 방법에 대한 생태론적 사고에 관한 것임을 발견한 데니스에게 감사해야 한다. 비록 우리가 호주와 덴마크라는 서로 멀리 떨어진 곳에 살았고, 자주 만나지 못했음에도 불구하고, 나는 그에게서 일종의 동질감을 발견했다.

그와 가끔씩 만난 행사 중 하나는 신학 및 자연과학센터가 주최한 베이 지역의 과학과 종교 컨퍼런스였다. 우리는 샌프란시스코 항구에 저녁을 먹으러 나갔고 무엇보다도 깊은 육화에 관해 많은 이야기를 나눴다. 나는 언젠가는 그리스도론을 심화하는 것에 관해 창의적이고 비판적인 사상가 그룹을 모으고 싶다는 소망을 피력했다. 저녁 식사가 끝날 무렵 (내가 이미 그것에 관해 잊어버렸을 때) 데니스가 굵은 목소리로 결론을 내렸다. "닐스, 내 생각엔 네가 그걸 해 봐야 할 것 같아." 그 일은 그렇게 지나갔다. 몇 년 후인 2011년에 존 템플턴John Templeton 재단의 실질적인 도움으로 엘시노어'햄릿'의 배경에서 이것이 현실화되었고, 우리는 다시 공동 출판물의 일부 저자로 참여하였다.

데니스 에드워즈는 그의 새 책에서 몇 가지 제안을 하였다. 첫째, 그는 깊은 육화의 다양한 측면 및 그에 관한 주요 옹호자들이 관련된 논란에 대해 매우 공정하고 정확한 분석을 제공한다. 하지만 언제나 그렇듯이 데니스는 그 이상의 일을 하였다. 아타나시우스, 보나벤투라, 마틴 루터가 이전에 이미 다루어졌지만, 데니스 에드워즈는 우리를 2세기 교회 교부인 이레네우스에게로 다시 안내한다. 어떤 의미에서 이레네우스는 훗날 동방과 서방 전통으로, 더 나아가 가톨릭과 개신교 전통으로 발전하는 씨앗이 된 분이다. 우리의 물질적 세계에 대한 하느님의 깊은 개입을 표현하는 창조신학, 그리스도론, 성령론 사이의 상호 관계는 깊은 육화 개념의 핵심 측면들과 분명히 유사하다. 이 새로운 책을 통해 우리는 그 이유를 알게 되었다.

마찬가지로 스펙트럼의 반대쪽 끝에서, 데니스 에드워즈는 이미 현대 로마 가톨릭 신학의 상당한 부분을 형성한 칼 라너의 진화신학에 대한 분석을 제공한다. 이제 갑자기, 루터에 관해 글을 쓴 개신교 신학자와 칼 라너 같은 거의 동시대의 거인 사이에 어느 정도 공통된 관심이 나타난다.

나는 그리스도와 진화 및 생태론의 관계에 관심을 갖고 있는 평신도들에게 데니스 에드워즈의 새 신학 서적을 읽어보라고 추천한다. 또한, 독자들에게 데니스 에드워즈가 깊은 육화에 관한 광범위한 그리스도론을 표현하는 데 있어서 왜 공간만큼 시간을 진지하게 받아들여야 한다고 주장하는지 주목하라고 조언하고 싶다. 시간과 공간에서 구현된 실제 예수 이야기는 심층적이든 피상적이든 미래의 모든 그리스도론의 기초가 되어야 한다.

닐스 헨릭 그레게르센 Niels Henrik Gregersen
코펜하겐대학교

| 들어가기 |

　이 책에서 깊은 육화라는 주제를 채택한 데에는 서로 연관된 두 가지 이유가 있다. 첫 번째는 그리스도교 생태신학에 있어서 그리스도론의 기반을 탐구해야 할 필요성이 깊이 느껴진다는 것이다. 거기에는 다음과 같은 질문이 있을 수 있다. 넓은 자연 세계, 은하계와 별의 우주, 산과 바다, 박테리아, 식물과 동물이 예수 그리스도의 삶과 죽음, 부활과 어떤 관계가 있는가? 20세기 후반에 생태신학이 등장하면서 육화와 구원의 신학에서 벗어나 창조신학에 집중하는 경향이 있었다. 종교 개혁 이후 개신교 신학과 로마 가톨릭 신학은 인간의 구원에만 몰두한 나머지 결국 다른 피조물을 위한 신학의 여지를 남기지 않았다. 동방 교회에서는 성경과 교부들의 저술에서 찾아볼 수 있는 하느님과 인간, 보다 넓은 범위의 피조물 사이의 삼중적 상호 관계가 유지되었지만, 서방 교회에서는 대체로 넓은 범위의 피조물이 빠지게 되었다. 그리하여 인간과 하느님 특히 그리스

도를 통한 인간의 구원에 집중적으로 초점이 맞춰졌다.

그렇다면 우주의 '새로운 이야기'[1]처럼 일부 생태신학과 영성이 창조신학을 중심으로, 때로는 창조 영성과 대중과학을 혼합하여 대응한 것을 이해할 수 있다. 이러한 노력이 결실을 맺어 새로운 비전을 제시하고 자연 세계를 보다 깊숙이 돌아보게 하였지만, 대중적 수준에서 이러한 접근 방식의 일부 표현은 구원신학보다 창조신학을 우선시함으로써 그리스도의 육화와 구원을 돌아볼 여지는 거의 혹은 전혀 남기지 않았다.

그러나 약간의 신학적 성찰만 하더라도 자연 세계에 대한 온전한 그리스도교적 접근은 창조신학에만 국한될 수 없고 그리스도를 통한 구원도 포함해야 한다는 점이 분명해진다. 산, 바다, 동물, 식물, 우리 행성의 기후, 은하수 그리고 관찰 가능한 우주가 품고 있는 신학적 의미는 창조와 육화 그리고 종말론적 변화를 통해 하느님이 피조물에게 자신을 증여하시는 이야기 전체를 포함하고 있다. 서방 교회가 구원에 초점을 맞추는 것의 문제는 구원에 대한 관심의 문제가 아니라, 그것이 지나치게 인간의 구원 자체에

---

[1] Thomas Berry, *The Dream of the Earth* (San Francisco: Sierra Club Books, 1988); Brian Swimme and Thomas Berry, *The Universe Story: From the Primordial Flaring Forth to the Ecozoic Age—A Celebration of the Unfolding of the Cosmos* (San Francisco: HarperSanFrancisco, 1984).

만 국한되어 있으며 종종 매우 개인주의적인 방식으로 나타난다는 것이다. 우리에게 필요한 것은 그리스도를 통한 구원을 무시하는 것이 아니라, 그것에 대한 최근의 서구적 이해의 폭을 크게 확장하는 것이다. 그렇게 하면 새 하늘과 새 땅에 대한 성경의 약속에 충실하면서도, 구원이 모든 피조물을 포함하는 것으로 볼 수 있게 된다.[2]

깊은 육화라는 주제를 채택한 것과 밀접하게 관련된 두 번째 이유는 진화적 세계관의 본질적 부분인 상실과 고통에 대한 신학적 응답이 필요하기 때문이다. 현대인이 우리 행성에서의 37억 년에 걸친 생명 진화의 역사를 자각하게 되면서 오래된 악에 관한 문제가 크게 증폭되었다. 거기에 수반되는 상실, 고통, 죽음이 엄청난 규모로 증가했기 때문만이 아니라, 이러한 대가가 생명의 번영과 다양성—그 안에 이미 내재된—을 불러오는 진화 과정에 본질적 요소라는 점이 이제는 분명해졌기 때문이다. 인간이 죄에 대하여 책임져야 한다는 과거 일부 사람들의 반응은, 현대 인류가 진화이야기에서 매우 늦게약 20만년 전 등장하는 이 새로운

---

[2] 언스트 콘라디는 이 문제에 관하여 5년 동안 협력한 국제적인 에큐메니칼 그룹을 이끌며 다음과 같은 일련의 출판물을 발간하였다. Ernst Conradie, ed., Creation and Salvation, Volume 1, A Mosaic of Selected Classic Christian Theologies (Zurich: LIT, 2012); Creation and Salvation, Volume 2, A Companion on Recent Theological Movements (Zurich: LIT, 2012).

맥락에서는 작동하지 않을 것이다. 이것은 창조를 대가가 매우 많이 드는 방식으로 한 것에 대한 책임을 창조주에게 떠넘기는 것처럼 보인다. 그렇다면 다음과 같은 두 번째 신학적 질문이 제기된다. 우리는 선하시고 관대하시며 사랑이 많으신 성경 속 신앙의 하느님을 진화의 대가와 관련하여 어떻게 생각하여야 할 것인가?

그리스도를 통한 하느님의 자기증여와 자기계시에 비추어 보면, 이 질문은 나자렛 예수의 삶과 죽음 그리고 부활에 초점을 맞출 수 있다. 자연계에서 볼 수 있는 고통, 약탈, 멸종, 상실, 죽음과 예수 그리스도를 통한 하느님의 육화 사이에는 어떤 관계가 있는가? 이 논의를 시작하면서 다음에 주목하는 것이 중요하다. 이 책과 여기에서 논의된 신학자들의 작업에서 육화는 단순히 예수의 탄생을 의미하는 것이 아니라, 예수의 물질적 육체적 현존의 모든 측면 그리고 죽음과 부활로 절정에 달하는 그의 모든 생애와 사역에 이르기까지, 하느님의 말씀이 육신이 되신 사건 전체를 의미한다는 것이다.

이러한 맥락에서 덴마크 신학자 닐스 그레게르센Niels Gregersen은 육화의 근본적인 의미, 특히 고통받는 피조물을 위한 그리스도의 십자가의 의미를 보여 주고자 '깊은 육화'라는 언어를 도입하였다. 그는 "그리스도를 통한 하느님의 육화는 근본적 혹은 '깊은' 육화, 곧 생물학적 존재의 세포 조직 자체와 자연 체계 안으로의 '육화'로 이해될 수 있다."[3]고 주장하였다. 그는 십자가를 진화적 출현을 통해 피조물과 함께하는 하느님의 신원 증명이며, 고통과 죽음 속에 있는 모든 피조물을 구속하시는 하느님의 현존의 아이콘이자 축소판으로 보았다.

이후 깊은 육화 개념은 엘리자베스 존슨Elizabeth Johnson, 실리아 딘 드러먼드Celia Deane-Drummond, 크리스토퍼 사우스게이트Christopher Southgate, 리처드 보컴Richard Bauckham을 포함한 여러 신학자들에 의해 채택되었으며, 이들은 자신들의 독특한 방식으로 이 개념을 활용했다.[4] 나는 깊은

---

[3] Niels Henrik Gregersen, "The Cross of Christ in an Evolutionary World," *Dialog: A Journal of Theology* 40 (2001): 192-207, at 205; See also Gregersen, "Deep Incarnation: Why Evolutionary Continuity Matters in Christology," *Toronto Theological Journal* 26, no. 2 (2010): 173-88; and Gregersen, ed., *Incarnation: On the Scope and Depth of Christology* (Minneapolis: Fortress Press, 2015).

[4] 깊은 육화는 나의 신학에서도 역시 중요한 역할을 하였다.
Denis Edwards, *Ecology at the Heart of Faith* (Maryknoll, NY: Orbis Books, 2006), 52-64; "'Every Sparrow That Falls to the Ground': The Cost of Evolution and the Christ-Event," *Ecotheology* 11, no. 1 (March 2007): 103-23; *Partaking of God: Trinity, Evolution, and Ecology* (Collegeville, MN: Liturgical Press, 2014), 54-67; "Incarnation and the Natural World: Explorations in the Tradition of Athanasius," in Gregersen, *Incarnation: On the Scope and Depth of Christology*, 157-76; "Sublime Communion: The Theology of the Natural World in Laudato Si'," *Theological Studies* 77 (June 2016): 377-91; "Key Issues in Ecological Theology: Incarnation, Evolution, Communion," in *Theology and Ecology across the Disciplines: On Care for Our Common Home*, ed. Celia Deane-Drummond and Rebecca Artinian-Kaiser (London: Bloomsbury, 2018), 65-78.

육화에 관한 최근 연구들의 개요를 설명하는 이 책의 첫 장에서 그레게르센의 작업과 더불어 그들의 작업을 설명하였다. 이후 이어지는 세 개의 장에서는 세 명의 위대한 신학자, 곧 2세기 리옹의 이레네우스, 4세기 알렉산드리아의 아타나시우스, 20세기 칼 라너의 육화신학과 대화함으로써 더 진전된 깊은 육화를 탐구하고자 한다. 마지막 장에서는 이러한 탐구에 비추어 깊은육화신학에 대한 나 자신의 이해를 제시하고자 한다.

깊은 육화에 대한 최근 이야기에서 중요한 순간은 2011년 8월 덴마크의 엘시노어에서 열린 이 주제에 대한 심포지엄이었다. 다양한 기독교 교파가 협력적으로 참여한 이 모임은 코펜하겐대학교 신학부의 지원을 받고 존 템플턴 재단이 후원하였다. 템플턴 재단의 메리 앤 마이어스Mary Ann Meyers 박사와 코펜하겐대학교의 닐스 헨릭 그레게르센이 참가자들을 초청했다. 이 심포지엄을 통해 탄생한 책은 깊은육화신학에 중요한 자원이 되고 있다.[5] 또 하나의 자원은 2013년 버클리의 신학과 자연과학센터에서 열린 러셀 강좌J. K. Russell Lectures에서 강연한 그레게르센의 강의와 그에 응답한 여러 학자들의 답변이다.[6] 닐스 그레게

---
[5] Gregersen, *Incarnation: On the Scope and Depth of Christology*.
[6] 러셀 강좌와 응답에 관하여 다음을 참조할 것.
Theology & Science 11, no. 4 (2013): 370-468.

르센은 2017년에 '종교와 과학에 관한 고센칼리지 컨퍼런스'에서 깊은 육화에 관한 일련의 강의를 진행했으며, 나는 2018년 보스턴칼리지에서 같은 주제로 더피 강좌Duffy Lectures를 진행했다.

이 책은 더피 강좌에서 강연한 내용을 기반으로 하고 있다. 나는 이 일련의 강의를 할 수 있도록 나를 초대하고 따뜻한 환영과 아낌없는 성원을 보내 주신 보스턴칼리지의 리처드 가야르데츠Richard Gaillardetz 신학대학장을 비롯한 신학부 여러분께 깊이 감사드린다. 내가 오랫동안 존경해 온 신학자 스티븐 더피Stephen Duffy의 이름을 딴 이 강좌를 맡게 된 것은 큰 영광이었다. 자상하고 따뜻한 환대를 베풀어 준 가야르데츠 신학대학장 그리고 이 강좌를 중심으로 진행된 메리 앤 힌스데일Mary Ann Hinsdale 교수의 박사 과정 세미나에 참여한 참가자들에게 감사드린다. 뿐만 아니라 강의에서 나와 교류하며 육화의 의미에 관한 나의 생각을 풍부하게 해 준 모든 교수진과 학생들에게도 감사드린다. 나는 세인트 메리 홀St. Mary's Hall에서 예수회 공동체와 함께 캠퍼스에 머물 수 있는 특권을 누렸다. 그들과 식사와 대화, 성찬을 함께할 수 있어서 즐거웠고, 나를 환대해 주시고 공동체 생활에 참여할 수 있는 기회를 주신 것에 깊이 감사드린다.

오르비스 북스의 편집자인 로버트 엘스버그Robert Ellsberg는 일련의 강의를 묶어 이 책으로 편집하는 과정에서 나를 따뜻하게 격려해 주셨다. 그를 비롯하여 출판에 관여한 오르비스 출판사의 모든 직원과 함께 일하게 된 것을 기쁘게 생각한다. 원고를 읽고 나에게 중요한 논평과 많은 지원을 준 동료들, 특히 제임스 맥에보이James McEvoy와 패트리샤 폭스Patricia Fox, RSM에게 깊은 감사를 드린다. 성경 인용문은 NRSV 번역에서 따왔다.

1

깊은 육화에 관한 최근의 신학

깊은 육화에 관한 개념은 덴마크의 루터교 신학자인 닐스 헨릭 그레게르센이 2001년 발표한 논문에서 처음으로 명확하게 설명되었다. 이번 장은 진화적 창발의 일부인 고통, 소멸, 죽음에 관한 신학적 응답으로서의 깊은 육화라는 그레게르센의 독창적 표현에 대한 개요를 설명하는 것으로 시작하고자 한다. 이후 네 명의 진화 및 생태신학자들, 곧 엘리자베스 존슨, 실리아 딘 드러몬드, 크리스토퍼 사우스게이트, 리처드 보컴이 어떻게 이 개념을 받아들였는지 간략히 설명할 것이다. 그런 다음 마지막 부분에서 깊은 육화에 관한 그레게르센의 생각이 그의 후기 출판물에서 어떻게 발전했는지를 추적할 것이다.

닐스 그레게르센의 깊은육화신학

깊은 육화에 관한 닐스 그레게르센의 독창적 논문은 현대 과학이 진화적 창발 과정에서 불가피한 부분으로 보여주는 '대가'the cost에 관한 문제를 다루기 위하여 마틴 루터의 십자가신학을 기반으로 하여 사고의 폭을 넓혀 간다.[1] 그레게르센은 스스로에게 다음과 같은 질문을 던진다. 만약 하느님의 창조 방식이 전반적으로 대가가 내재된 자연선택을 통해 일어난다면 "하느님의 자비에 대한 그리스도교 신앙이 어떻게 진화 과정의 무자비함과 조화를 이룰 수 있겠는가?"[2] 그는 진화적 세계에 내재된 광범위한 고통과 상실에 대한 응답을 제공할 수 있는 현대의 십자가신학을 추구한다.

그레게르센은 자신의 신학적 응답을 두 단계로 전개한다. 첫째, 그는 피조물 존재의 고통과 기쁨 모두가 유한한 피조물로 이루어진 우주를 창조하신 하느님의 진화적 '통합 속성'package deal의 일부로 이해되어야 한다고 제안한다.[3] 생물학적 죽음은 인간의 죄로 인한 것이 아니라 호모

---

[1] Niels Henrik Gregersen, "The Cross of Christ in an Evolutionary World," *Dialog: A Journal of Theology: A Journal of Theology* 40, no. 3 (Fall 2001): 192-207.
[2] Ibid., 192.
[3] Ibid., 197-201.

사피엔스가 출현하기 수백만 년 전부터 존재했다. 죽음은 자연의 창조 과정 중 일부이다. 죽음은 "신이 진화 과정에서 새로움을 창조하는 한 가지 방법"[4]이다. 고통은 "고도로 민감한 신경계를 갖는 대가"[5]로 이해될 수 있다. 정신적 고통을 겪는 것은 다양한 선택과 결과를 계산할 수 있는 진화된 의식에 대해 지불된 대가로 볼 수 있다.

그레게르센은 진화생물학이 신정론의 문제를 예리하게 밝히면서 죽음과 고통은 진화적 세계에서 본질적인 것이며 단순히 인간의 죄로 설명할 수는 없다는 점을 분명히 하는 한편, 그것이 이 문제에 관한 응답의 실마리를 제시할 수 있다고 생각하였다. 진화적 세계관은 온건한 신정론의 기초를 제공할 수 있는데, 정확히 진화하는 세계를 하나의 '통합 속성'으로 보기 때문에 이 관점에서는 존재의 고통을 경험하지 않고는 존재의 기쁨을 경험할 수 있는 방법이 없다. 진화적 관점에서 고통은 유기체의 주의력과 적응력을 증가시키는 긍정적인 기능을 가지고 있으며, 죽음은 진화를 가능하게 하는 세대의 순환에 필수적인 것이다.

진화를 '통합 속성'으로 이해하는 것에 기반을 둔 응답이 고통을 겪는 피조물에게 진정한 위안을 주지 못한다는 점

---

[4] Ibid., 198.
[5] Ibid.

을 그레게르센은 잘 알고 있다. 악의 실존적 문제를 다루기 위해서는 진화와 창조신학뿐만 아니라 그리스도론과 성령론을 포함하는 두 번째 신학의 단계가 필요하다. 특히 그레게르센은 우리에게는 높은 그리스도론의 관점에서 십자가를 이해하는 십자가신학이 필요하다고 제안한다. 그는 신약성경을 처음부터 높은 그리스도론을 증언한 것으로 본다는 점에서 리처드 보컴을 따른다. 거기서 예수는 암묵적으로든 명시적으로든 하느님의 말씀과 지혜와 동일시된다.[6] 이러한 그리스도론을 바탕으로 그레게르센은 하느님의 진리가 예수의 십자가와 고뇌, 굴욕, 고통, 죽음의 경험을 통해 드러났다고 주장한다. 십자가는 하느님의 진정한 성품을 드러낸다. "만일 그리스도의 십자가가 하느님의 영원한 성품(요한계시록에서 말하는 '영원히 죽임을 당한 어린 양'과 같은)에 속한다면, 창조된 만물에 대한 주권을 행사하시는 하느님의 방법 또한 영원히 자기를 내주시는 하느님의 본성을 특징으로 할 것이다."[7] 그렇다면 그레게르센은 예수의 십자가에서 극단적으로 표현되는 하느님의 케노시스적 자기증여 역시 창조주이신 하느님의 특성으로 이해될 수 있다

---

[6] Richard Bauckham, *God Crusified: Monotheism and Christology in the New Testament* (Grand Rapids, MI: William B. Eerdmans, 1998); *Jesus and the Eyewitnesses: The Gospels as Eyewitness Testimony* (Grand Rapids, MI: William B. Eerdmans, 2006).

[7] Gregersen, "The Cross of Christ in an Evolutionary World," 203.

고 제안한다. 하느님의 케노시스적 사랑은 피조물이 자신의 창조 과정에 실질적으로 참여하도록 하시는 창조주를 통해서도 표현되며, 이는 피조물의 세계에 대한 하느님의 원초적인 축복으로 상징된다. 피조물의 자발적인 역동성을 통해 진화하는 세상을 가능하게 하고 세상을 포용하도록 하는 것은 하느님의 자기를 내주는 사랑이다.

고통 속에 있는 피조물을 위한 십자가의 자기증여의 의미는 무엇인가? 그레게르센은 "십자가는 하느님이 세상과 함께 고통의 대가를 치르셨다는 것을 예시하고 현실화한다."[8]고 제안한다. 예수의 십자가는 대우주의 고통을 재현하며 살아내는 소우주와 같으며, 그곳에서의 죽음과 멸망은 부활로 변화된다. 예수는 그의 사역을 통하여 선택의 법칙과 경쟁의 필요성을 거슬러 행동하고, 명예와 수치의 관행을 거부하면서 소외된 자 및 궁핍한 자와 일치하셨다. 더군다나 그분은 거절당하고 버림받으셨으며, 심지어 십자가에 못 박히시기까지 패자 및 희생자와 동일시되셨다. 이는 그레게르센에게 다음과 같은 깊은 통찰을 주었다. "자연의 질서와 무질서의 '통합 속성'을 만드신 생명을 주시는 하느님은, 진화의 대가를 함께 치르시는 분이기도 하다."[9] 그레게르센은 깊은 육화

---

[8] Ibid.
[9] Ibid., 204.

에 대한 자신의 견해를 다음과 같이 요약하였다.

> 이러한 맥락에서, 그리스도를 통한 하느님의 육화는 근본적 혹은 '깊은' 육화로 이해할 수 있다. 그것은 생물학적 존재의 세포 조직 자체와 자연 체계 안으로의 육화이다. 이런 방식으로 이해한다면, 그리스도의 죽음은 사회적 경쟁의 희생자뿐 아니라 모든 감각적 생명과 함께하시는 하느님의 구속적 공동 고난의 상징이 된다. 하느님은 진화의 비용, 즉 자연 선택의 고난과 관련된 대가를 부담한다.[10]

이것이 고통받는 자들에게 어떤 차이를 만드는가? 명백하게 이것은 고통받는 인간에게 그들이 더 이상 혼자가 아니라는 인식을 갖게 하는 차이를 만든다. 그러나 그레게르센은 이보다 더 많은 것을 말하고 싶어 한다. 예수는 영원히 하느님의 정체성을 갖는 분이므로, 그분은 피조물의 고통 한가운데에 현존하는 하느님이며, "하느님이 어느 곳에 계시든, 하느님은 수동적으로 고통을 감내할 뿐 아니라 적극적으로 고통을 변화시키는 과정 안에도 계시는 분이다."[11] 하느님은 피조물과 함께 고통받을 뿐 아니라 살아

---

[10] Ibid., 205.
[11] Ibid., 204.

있는 피조물과 매우 밀접하게 관련되어 있기에 "생명을 주시는 하느님의 권능이 인간과 동물의 고통받고 죽어 가는 몸 안에 가득 차 있다." 그레게르센은 이러한 피조물의 구속은 그들의 주관적인 인식에 달려 있는 것이 아니라, "오직 피조물과 생명을 나누시는 하느님 은총의 능력에 의해서만 가능하다."[12]고 말한다.

엘리자베스 존슨

엘리자베스 존슨은 그레게르센의 깊은육화신학을 바탕으로 여러 차례 사유를 확장해 왔으며《짐승들에게 물어보세요》Ask the Beasts에서 정점에 올랐고, 최근에는《창조와 십자가》Creation and the Cross를 통해 그 작업을 이어가고 있다.[13] 그녀는 육화를 하느님의 지혜/말씀이 물질 세계와 결합하여 창조주와 피조물 사이의 새로운 수준의 연합

---

[12] Ibid., 205.

[13] Elizabeth A. Johnson, "An Earthy Christology," *America: The National Catholic Review* 200, no. 12 (April 13, 2009): 27-30; "Deep Christology," in *From Logos to Christos: Essays in Christology in Honour of Joanne McWilliam*, ed. Ellen M. Leonard and Kate Merriman (Waterloo, ON: Wilfred Laurier University Press, 2009), 163-80; *Ask the Beasts: Darwin and the God of Love* (New York: Bloomsbury, 2014); "Jesus and the Cosmos: Soundings in Deep Ecology," in *Incarnation: On the Scope and Depth of Christology*, ed. Niels Gregersen (Minneapolis: Fortress, 2015), 133-56; *Creation and the Cross: The Mercy of God for a Planet in Peril* (Maryknoll, NY: Orbis Books, 2018).

을 이루는 새롭고 근본적인 체현embodiment으로 본다. 그녀는 "인성을 취하지 않았다면, 구원은 없다."Quod non est assumptum, non est sanatum.라는 초대 교회의 금언에 주목하는데, 이는 살이 되신 말씀이 품은 모든 것에 육화가 구원을 가져다준다는 것을 의미한다. 이것은 종종 말씀이 취한 인성의 모든 측면을 특별히 언급하는 것으로 이해되어 왔다. 깊은 육화는 육화의 영향을 더욱 확장하여 명확히 하고자 하는 것이다.

> 깊은 육화는 모든 육적인 것을 포함하기 위하여 이러한 관점을 확장한다. 하느님 지혜의 자기표현인 예수는 육화를 통하여 모든 생물학적 생명체(풀과 나무)의 물질적 조건과 결합하셨고, 모든 감각을 가진 피조물(참새와 물개)에게 공통적으로 나타나는 고통을 경험하셨다. 예수께서 취하신 육신은 모든 인류, 모든 생물학적 생명체, 모든 땅, 물질적 우주의 전체 매트릭스의 뿌리에까지 내려가 연결된다.[14]

육화는 예수를 인류와 결합시킬 뿐만 아니라 인류를 넘어 모든 생명을 가진 피조물과 모든 지구의 피조물을 구성하는 우주 먼지에까지 이르게 된다. 존슨은 이런 방식으로

---

[14] Johnson, *Ask the Beasts*, 196.

물질과 육신은 하느님 자신의 영원한 이야기의 일부가 된다고 말하고 있다.[15] 육화는 우주적 사건이다.

그러나 육화는 구체적이고 지역적인 사건, 즉 죽음과 부활로 이어지는 나자렛 예수의 삶과 사역으로 표현된다. 존슨은 예수께서 선포하신 하느님 나라의 복음과 그분의 치유와 해방 사역에 대해 묵상한다. 그녀는 현대의 생태 의식을 예수에게 귀속시키는 것이 시대적으로 맞지 않다는 점을 인정하지만, 예수는 이스라엘의 창조 신앙을 물려받았으며, 하느님 나라가 가까이 왔다는 그의 선포는 자연 세계가 복음에 포함되어 있다는 것을 전제로 했음을 지적한다. 하느님 나라에 대한 그의 선포는 씨앗, 수확, 밀, 잡초, 포도원, 과일나무, 비, 일몰, 양 및 둥지 새에 대한 언급으로 가득 차 있다. 그는 들판의 나리꽃과 공중의 새들에 대한 하느님의 섭리적 돌보심을 이야기한다. 예수께서 행하신 치유 행위와 식사는 복음이 생명 전체와 관련이 있다는 것을 이해하고 계심을 보여 준다. 존슨은 샐리 맥페이그Sallie McFague와 마찬가지로 이 모든 것을 하느님의 "해방하고 치유하며 포용하는 사랑"의 "그리스도적 패러다임"이라고 말한다.[16] 진화하는 세계의 더 큰 맥락에 이 패러다임을 적

---

[15] Ibid., 197.
[16] Sallie McFague, *The Body of God* (Minneapolis: Fortress, 1993), 81.

용한다면, 예수의 사역을 통해 하느님의 의도가 인류, 특히 가난한 인간을 위해서뿐만 아니라 하느님의 다른 살아 있는 피조물 모두를 위해 생명의 충만함을 주는 것임이 드러난다고 주장할 수 있다.

하느님 말씀이 물질과 살로 육화된 것은 궁극적으로 예수의 십자가 죽음으로 이어진다. 존슨은 하느님의 말씀이 인간이 되어 노예처럼 되시고 죽음과 십자가를 받아들이는 것과 연관된 근본적인 자기비움케노시스과 자기낮춤필리 2,7-8을 묵상하면서, 다음과 같이 적고 있다.

> 하느님 형상으로부터 십자가에 달린 인간으로의 이 엄청난 추락은 하느님의 낮춤의 극치를 보여 준다. 특히 전능한 군주라는 모델과 대비해 볼 때, 겉으로 보기에는 하느님 같아 보이지 않는 특성, 즉 자기비움, 자기제한, 자기양여, 취약함, 자기증여의 능력을 지니신 불가해한 하느님으로 드러난다. 즉, 한마디로 창조적 사랑으로 행동하는 것이다.[17]

존슨은 육화하신 말씀의 고난과 죽음을 하느님이 육신의 세계 안에서 고통과 죽음에 참여하신 것으로 본다. 그녀

---

17 Johnson, *Ask the Beasts*, 202.

는 베네딕토 교황과 마찬가지로 하느님께서 살이 되신 말씀을 통해 우리와 함께 고통을 겪는다고 이해한다.[18] 또한 그레게르센과 마찬가지로 그리스도의 죽음을 모든 감각을 지닌 생명과 함께하시는 하느님의 구속적 공동 고난의 상징으로 본다. 존슨은 십자가에 못 박힌 그리스도의 영이 고통받는 피조물에 현존하시는 것에 대하여 다음과 같이 적고 있다. "진화하는 세계에 사시면서 자연 과정 속에서 자연 과정과 함께 행동하시는, 생명을 주시는 분이 끊임없이 새 생명의 대가를 알고 감당하신다."[19] 그녀는 고통받는 피조물에게 하느님의 현존이 어떤 차이를 가져오는지 묻는다. 이는 굶주리는 새끼 펠리컨에게 과연 어떤 차이를 가져올까? 그녀는 크리스토퍼 사우스게이트처럼 고통 속에 있는 피조물에 대한 하느님 사랑의 현존이 "신학이 말할 수 있는 가장 중요한 것 중 하나"라고 대답한다.[20] 내주하면서 능력을 부여하는, 생명을 주시는 하느님은 내적 생활은 물론이고 세계 진화의 전 과정에서 모든 피조물과 동행하시며, 시련 속에서도 피조물을 버리지 않으신다. "십자가는 바로 그 고통의 중심에 하느님의 연민이 위치하고 있다는

---

[18] Benedict XVI, Homily at Aosta, July 24, 2009.
[19] Johnson, *Ask the Beasts*, 205.
[20] Ibid., 206.

증거를 보여 준다. 새끼 펠리컨은 홀로 죽지 않는다."[21]

존슨은 깊은 육화의 신학이 '깊은 부활'의 신학도 포함한다고 제안한다. 그녀는 그리스도의 부활을 인류뿐만 아니라 모든 피조물을 향한 하느님의 약속으로 본다. 그리스도는 "죽은 이들 가운데에서 맏이"콜로 1,18일 뿐 아니라 "모든 피조물의 맏이"콜로 1,15이시다.[22] 존슨은 이 문제에 관한 폴 샌트마이어Paul Santmire의 신학적 관점의 분석을 지적한다.[23] 이레네우스를 포함한 일부 신학자들은 모든 피조물이 약속된 변화에 참여하는 것으로 본다. 이런 관점에서는 만물을 창조하시는 하느님과 만물을 구원하시는 하느님 사이에 대칭성이 있다. 중세의 위대한 신학자 아퀴나스와 보나벤투라, 루터와 칼빈을 포함한 종교개혁자들은 비대칭적인 관점을 가지고 있었다. 곧, 하느님은 모든 피조물을 창조하시지만, 모든 피조물이 최종 구원에 참여하도록 하지는 않으실 것이라는 견해이다.[24]

존슨은 대칭적인 입장을 취한다. 그녀는 피조물에 부어지는 자기증여적 사랑으로서의 하느님의 성품에 관해 우

---

[21] Ibid. 또한 Johnson, *Creation and the Cross*, 187-89 참조.
[22] Johnson, *Ask the Beasts*, 209.
[23] Paul Santmire, *The Travail of Nature: The Ambiguous Ecological Promise of Christian Theology* (Minneapolis: Fortress Press, 1985).
[24] Ibid., 228-29.

리가 알고 있는 바에 기초하여, 하느님은 모든 참새를 보호하고 돌보실 뿐만 아니라 마태 10,29; 루카 12,6, 그들 각자를 구원의 충만함으로 이끄실 것임을 믿을 수 있다고 주장한다. 그녀는 이 입장이 다음과 같은 신앙의 핵심 진리에 기초하며 그 맥락의 역동과 일관성이 있다고 본다.

- 살아 계신 하느님은 모든 피조물을 창조하시고 돌보신다.
- 이 사랑은 모든 피조물이 고통받고 죽는 것까지 망라한다.
- 이 피조물들은 하느님의 말씀이 육화를 통해 결합한 세상 육신의 일부이다.
- 예수의 죽음과 부활은 모든 육신적인 것에 구원의 희망을 준다.
- 모든 피조물에게 힘을 실어 주시는 성령, 그 성령의 생명을 주는 권능은 모든 존재에게 부활의 생명을 주는 권능이다.[25]

존슨은 라너와 같은 신학자들과 함께 인간의 경우조차 죽음 이후의 삶에 관한 사전 지식이 없다고 보았다. 우리는 하느님께서 어떻게 다른 피조물의 구원을 완성하실 수 있

---

[25] Johnson, *Ask the Beasts*, 231. 또한 Johnson, *Creation and the Cross*, 189-94 참조.

는지에 대한 명확한 개념이나 상상의 그림을 갖고 있지 않다. 그녀는 우리가 하느님에 관해 알고 있는 바에 기초하여, 각 피조물의 구원 성취가 각 피조물의 능력에 맞추어 적합하게 이루어질 것이라고 가정할 수 있다고 말한다. 이 입장은 오직 그리스도교 신앙에만, 곧 예수 그리스도에게서 발견된 하느님 사랑의 본질에 대한 계시에만 근거하고 있다. "매 순간 모든 피조물에게 하느님 사랑이 인격적 현존으로 주어지고, 예수 그리스도의 고통과 희망으로 가득 찬 이야기를 통해 이 사랑의 특성이 더욱 드러나면서, 종은 물론 개별 피조물까지도 죽음으로 버려지지 않고 살아 계신 하느님과의 친교에 이를 수 있다고 믿을 수 있는 보증이 있다."[26] 우리가 상상할 수 없는 방식으로 모든 피조물은 그리스도 안에서 변화될 것이다.

실리아 딘 드러몬드

깊은 육화는 과학과 신학의 교차점에서 전개된 실리아 딘 드러몬드의 신학 작업의 중요한 주제였다.[27] 딘 드러몬

---

[26] Johnson, *Ask the Beasts*, 231.

[27] Celia Deane-Drummond, *Christ and Evolution: Wonder and Wisdom* (Minneapolis: Fortress, 2009). 아래 참조. "Deep Incarnation and Ecojustice as Theodrama," in *Ecological Awareness: Exploring Religion, Ethics and Aesthetics*, ed. Sigurd Bergmann and Heather

드는 예수 그리스도를 통한 하느님의 육화가 단지 인간뿐만 아니라 모든 피조물의 우주 전체에 의미가 있음을 보여 주기 위해 지속적으로 노력해 왔다. 그녀는 깊은 육화의 신학을 전개한 다른 사람들과 마찬가지로 그리스도를 하느님의 지혜로 이해하는 방법을 탐구했다. 그녀의 접근 방식에서 독특한 점은 한스 우르스 폰 발타살Hans Urs von Balthasar의 신학을 바탕으로 하느님 드라마theo-drama 개념을 사용하여 깊은 육화를 발전시키려 했다는 것이다. 그녀는 깊은 육화를 이해하는 데 있어 그리스도론에 대한 존재론적 또는 역사적 접근보다 하느님 드라마가 더 유익한 출발점이라 보았다.

딘 드러몬드가 폰 발타살의 하느님 드라마에 매력을 느끼는 이유 중 하나는 그것이 경험적이고 실존적인 것을 지향하기 때문이었다. 그녀는 또한 교부들, 특히 고백자 막시무스Maximus the Confessor를 인용하여 그의 사상에서 우주적 차원을 발견한다. 딘 드러몬드는 폰 발타살이 자신의 생

Eaton (Berlin: LIT, 2011), 193-206; "Who on Earth Is Jesus Christ? Plumbing the Depths of Deep Incarnation," in *Christian Faith and the Earth: Current Paths and Emerging Horizons in Ecotheology*, ed. Ernst M. Conradie et al. (London: Bloomsbury T. & T. Clark, 2014), 31-50; "The Wisdom of Fools? A Theo-Dramatic Interpretation of Deep Incarnation," in *Incarnation: On the Scope and Depth of Christology*, ed. Gregersen, 177-202; 《생태신학 첫걸음 - 위험에 처한 지구를 위한 신학》*A Primer in Ecotheology: Theology for a Fragile Earth* (Eugene, OR: Cascade Books, 2017), 리북, 2022.

태신학에서 추구하는 것처럼 그리스도의 육화를 더 넓은 범위의 피조물까지 확장하지 않는다는 것을 알고 있었지만, 그럼에도 불구하고 그녀는 그리스도론에 대한 폰 발타살의 드라마적 접근 방식이 깊은 육화의 신학에 도움이 된다고 생각하였다.

그렇지만 그녀는 폰 발타살의 신학이 예수의 십자가를 징벌로 이해하는 접근 방식을 갖고 하느님이 십자가의 전체 드라마를 관장하신다는 관점을 갖는다는 점과 차별화하여 그의 신학에 비판적 방식으로 접근한다. 그녀는 자신의 신학에서 하느님이 즉흥적 방식을 통해 행동하실 수 있는 여지를 남겨 두려고 노력하였다.[28] 또한 그녀의 신학은 인간의 행위를 보다 포괄적으로 인정하고 있으며, 구원론에 있어서 하느님의 다른 피조물을 훨씬 더 많이 포함한다. 그녀는 자신의 신학적 근거를 진화와 생태과학에 기초를 두고 있다는 점과 그리스도론적 하느님 드라마에 있어서 성령에게 보다 큰 역할을 부여한다는 점에서 폰 발타살과 차이를 보인다.

이와 같은 특별한 입장에서, 딘 드러몬드는 과학적으로나 신학적으로 모두 받아들일 수 있는 드라마를 통해 그리스도에게 접근하는 방법을 찾는다. 과학의 측면에서 그녀

---

[28] Deane-Drummond, "The Wisdom of Fools?" 188, 191.

는 드라마신학이 진화적 창발의 거대한 드라마에 적합하다고 보았다. 신학적인 측면에서는 말씀이 예수의 연약하고 육적이며 필멸의 사건 그리고 무엇보다도 십자가 죽음에 내재된 특별한 방식을 이끌어 낼 수 있음을 발견했다. 드라마는 십자가와 같은 우발적인 사건에서 하느님의 구체적인 행동을 드러내는 데 매우 적합하였다. 그녀는 하느님 드라마를 통한 접근 방식이 거대한 서사의 필연성과 숙명론을 피할 수 있다고 말한다. 동시에 폰 발타살의 하느님 드라마적 접근은 예수의 십자가를 관상하는 주체의 근본적인 역할을 제시한다. 이는 완전하면서 또한 잘못된 객관성을 주장하지 않는다. 오히려 그 사건에 대한 관상적이거나 신비로운 몰입과 참여를 제시한다.

딘 드러몬드는 십자가를 삼위일체의 중심에 있는 역동적인 자기증여적 사랑의 계시로 이해하는 폰 발타살의 방식에 공감한다. 우리의 역사에서 십자가의 드라마는 성자의 세대에서 성부의 가슴이 스스로 비워지는 드라마를 가리킨다. 창조와 구원의 전체 드라마에서 작용하는 것은 바로 이러한 삼위일체 하느님 존재 방식의 본질인 자기증여의 사랑이다.

> 창조의 시작부터 육화와 완성에 이르기까지, 삼위일체

의 움직임은 세계 안에서 펼치는 하느님의 사랑과 은총의 드라마적 움직임이다. 그때 창조는 펼쳐지는 인류 역사의 배경같은 것이 아니라, 종국적으로는 말씀혹은 지혜이 육신이 되신 육화를 통하여 표현하는 전체 드라마 안에서의 첫 번째 행위이다.[29]

폰 발타살의 하느님 드라마는 용서와 해방, 희망을 가져오기 위해 그리스도께서 죽음에 대한 인간의 두려움 속으로, 또한 죽은 자의 자리로 들어가시는 성토요일에 대한 그의 성찰과 관련하여 유명하다. 딘 드러몬드는 이 생각을 확장하여 고통받고 죽어가는 피조물까지 포함한다. 그녀는 그리스도께서 인간의 고통뿐 아니라 생태학적, 기후적 재앙의 깊숙한 곳까지 들어가시는 분으로 보았고, 그리스도인들은 그곳까지 그리스도를 따르도록 그리고 그 피조물의 치유를 위해 성령 안에서 행동하도록 부르심을 받은 것으로 보았다. 딘 드러몬드는 그리스도의 부활에 비추어 하느님 드라마의 개념이 확장될 수 있고, 그리스도의 죽음과 부활이 그 범위에 있어서 완전히 포괄적인 것이 될 수 있으므로 "그리스도를 통해서 모든 피조물에게 보여 주신 하느님의 사랑이 보편적인 범위로 확장되어 나갈 수 있다."고

---

[29] 실리아 딘 드러몬드, 《생태신학 첫걸음》, 134.

주장한다.[30]

폰 발타살에게 있어서 절대적인 아름다움은 십자가에서 드러난다. 십자가는 일반적인 생각으로는 끔찍하고 추악한 것임에도 불구하고 하느님의 열정적인 사랑의 계시이기 때문에 궁극적인 아름다움의 상징이 된다. 딘 드러몬드는 그리스도가 아름다움의 형상이라면 우리는 "우리에게 가장 매력적으로 보이는 피조물의 형상으로서가 아니라 미학적 측면에서 역겨운 것이거나 심지어 혐오스러워 보이는 그러한 피조물"도 가치를 인정해야 한다고 말한다.[31] 딘 드러몬드는 "그리스도의 로고스가 우주 전체에 울려 퍼지는 것과 거의 같은 방식으로, 십자가의 비극이 창조 세계의 구조 속으로 파급되는 것을 볼 수 있도록" 확장할 수 있다고 제안한다.[32]

그러므로 딘 드러몬드에게 깊은 육화는 "그리스도를 통한 하느님의 가장 근본적이고 극적이며 변혁적인 움직임"[33]으로 보기에 가장 좋은 것이다. 비록 그리스도가 하느님 드라마에서 중심 위치를 차지하지만, 이 변혁의 행위는 오직 성령의 실질적인 현존이라는 관점에서만 이해할 수

---

[30] Deane-Drummond, "The Wisdom of Fools?" 200-201.
[31] Deane-Drummond, *Christ and Evolution*, 143.
[32] Ibid.
[33] 실리아 딘 드러몬드, 《생태신학 첫걸음》, 137.

있다. 또한 깊은 육화는 창조와 영광스러운 재창조 사이의 공간에서 활동하시는 성령과 관련하여, 필연적으로 깊은 성령론을 포함한다. 딘 드러몬드는 성령의 자리를 생태신학의 근본으로 본다. 왜냐하면 성령은 그리스도와 함께하는 드라마에 인간이 참여하는 공간이고, 고통받는 인류는 물론 "그들의 멸종이 우리 주변에 널려 있는"[34] 고통받는 피조물과 연대하여 행동하기 때문이다. 이 공간에서 성령께서는 인간에게 생태적 회심과 생태적 윤리를 요구한다. "우리가 깊은 육화를 끝까지 따라가면, 그것은 공유된 드라마, 지구의 공동 역사에 적극적으로 참여하는 윤리적 요구와 연관될 수밖에 없으며, 그러므로 하느님과 이웃을 사랑하고, 지구와 피조물을 향하여 민감하고 책임감 있게 행동하게 된다."[35]

크리스토퍼 사우스게이트

크리스토퍼 사우스게이트는 진화하는 세계에서 피조물이 받는 고통에 대해 신학적 응답을 제공하고자 오랜 시간 학문적 연구를 지속해 왔다. 그의 주요 공헌 중 하나는 진화

---

[34] Ibid.
[35] Deane-Drummond, "The Wisdom of Fools?" 201.

세계에 내재되어 있는 고통에 대해 신학적으로 응답하기 위해서 '복합 진화적 신정론'이 필요하다고 제안한 것이다. 그는 2008년에 출간한 《피조물의 탄식》*The Groaning of Creation*에서 복합 진화적 신정론을 개괄적으로 설명하였고, 2014년 논문에서 이 개념을 발전시켰다.[36] 그는 인간 관찰자로서, 진화적 세계는 협력, 풍요로움, 아름다움과 같은 가치뿐만 아니라 잔인함, 상실, 멸종과 같은 부정적 가치도 포함하여 매우 모호해 보인다는 사실에 관한 응답을 찾으려 하였다. 아름다운 것은 포식, 자원 경쟁, 고통, 죽음을 수반하는 진화 과정을 통해서만 등장한다.

사우스게이트는 자연 세계의 부정적 가치가 인간의 죄 때문이라고 말하는 악의 문제에 관한 전통적인 그리스도교적 해결책이 더 이상 효과가 없다고 지적한다. "이제 우리는 이것이 단지 과학이 발달하기 이전의 시대착오적인 생각이라는 점을 분명히 알 수 있다. 그렇다. 현대 인류가 환경을 파괴하고 수많은 멸종을 초래한 것은 사실이지만,

---

[36] Christopher Southgate, *The Groaning of Creation: God, Evolution and the Problem of Evil* (Louisville, KY: Westminster John Knox Press, 2008); "Does God's Care Make Any Difference? Theological Reflections on the Suffering of God's Creatures," in *Christian Faith and the Earth*, ed. Conradie, 97-114. 이 책의 이 부분과 뒷부분에 관한 내 생각은 다음과 같은 나의 논문을 바탕으로 작성하였다. "Christopher Southgate's Compound Theodicy: Parallel Searchings," Zygon 53, no. 3 (September 2018): 680-90.

우리는 포식과 질병의 과정 및 지금까지 인간에 의해 야기된 것보다 훨씬 큰 멸종 사건이 인류의 진화보다 훨씬 오래전부터 있었다는 사실도 알고 있다."[37] 인간의 죄가 자연의 고통과 상실의 원인이 아니라면, 이는 책임을 하느님에게 떠넘기는 것으로 보인다. 하느님의 피조물 안에 내재된 고통과 관련하여 우리는 어떻게 사랑의 하느님이라고 진정으로 말할 수 있을까? 사우스게이트는 자신의 복합 진화적 신정론을 구성하는 네 가지 상호 연관된 요소를 명료하게 설명함으로써 이 질문에 답하고 있다.

첫 번째 구성 요소는 사우스게이트의 '유일한 길'only way 주장이다. 그는 피조물의 우주를 창조하는 데 있어서 하느님의 사랑의 목적을 달성하는 것이 제한적이거나 억지스럽다고 본다. 왜냐하면 하느님은 가능성에 제한이 있는 피조물의 실재를 가지고 일하고 계시기 때문이다. 사우스게이트가 제시하는 가장 타당한 가설은 하느님이 생명을 품은 우주를 창조하는 데에는 논리적 한계가 있다는 것이다. 즉, 하느님이 진화에 따른 대가 없이 우리가 살고 있는 종류의 세계를 창조하는 것은 논리적으로 불가능하다. 사우스게이트는 다음과 같이 적고 있다. "경쟁과 자연 선택의 세계는 우리가 지구의 생명권에서 진화했다고 알고 있는

---

[37] Southgate, "Does God's Care Make Any Difference?" 100.

것들이 지닌 피조물다운 특성의 가치를 신이 만들어 낼 수 있는 유일한 길이었다."[38] 그러나 그는 만약 신학이 개별 생명체의 고통과 상실에 신학적으로 응답하려면 이러한 '유일한 길' 주장 외에도 세 가지 요소가 복합 진화적 신정론을 위해 더 필요하다고 주장한다.

두 번째 구성 요소는 사우스게이트가 하느님을 모든 피조물과 함께 고통받는 존재로 이해한다는 것이다. 그는 각 피조물에 현존하시는 하느님에 대한 신학적 전통을 전적으로 받아들인다. 하느님은 피조물이 번성할 때나 고통을 당할 때나 함께 계시며, 어떤 피조물도 홀로 고통받거나 죽지 않는다. 그는 깊은 육화에 관한 그레게르센의 신학을 받아들이면서, 그리스도의 십자가가 모든 피조물, 특히 진화의 희생자들에 대한 하느님의 사랑의 연대를 표현한다는 데 동의한다.[39] 사우스게이트는 그리스도의 십자가가 모든 고난받는 피조물과 함께 고통을 당하시는 하느님을 계시하며, 피조물과 함께 겪는 하느님의 고통은 하느님과 피조물 모두에게 "어떤 깊은 실존적 수준에서" 특별함을 만든다고 주장한다. 피조물은 고통의 순간에 혼자가 아닐 뿐만 아니라, "어떤 의미에서건 이것을 알고 있으며, 그러한 인

---

[38] Ibid., 101.

[39] See Southgate, *The Groaning of Creation*, 76-77; "Does God's Care Make Any Difference?" 103.

식이 특별함을 만든다."[40]

그리스도의 부활에 관한 그리스도교의 확신과 그것이 모든 피조물에게 주는 의미에 기초한 복합 진화적 신정론의 세 번째 요소는 고통받는 피조물이 하느님의 종말론적 완성에 참여할 것이라는 희망이다. 사우스게이트는 제이 맥다니엘Jay McDaniel의 말을 인용하면서, 둥지 밖으로 밀려난 새끼 펠리컨이 '펠리컨 천국'을 경험하게 될 수도 있지 않은가라고 적었다. "만약 우리 모두가 사랑이신 하느님의 성품과 그분의 목적을 전적으로 진지하게 받아들인다면, 오로지 고통밖에 경험한 게 없는 삶이 피조물들의 삶의 전부라고 믿을 수는 없다고 생각한다."[41] 이러한 사고방식은 우리의 종말론적 완성 혹은 우리의 천국이 "다양한 피조물로 풍성"[42]할 것이라는 확신을 갖게 한다.

사우스게이트의 복합 진화적 신정론을 구성하는 마지막 요소는 구원된 인류가 하느님과 함께 만물을 이끄는 공동 구원자로서 높은 소명을 받았다는 생각이다. 자신이 삼위일체 하느님의 형상으로 창조되었음을 이해하는 그리스도인은 평화롭고 거룩하며 사랑이 넘치는 피조물을 향한 삼

---

[40] Southgate, "Does God's Care Make Any Difference?" 112.
[41] Ibid.; *The Groaning of Creation*, 78-91.
[42] Southgate, "Does God's Care Make Any Difference?" 113.

위일체의 갈망에 동참하고 이를 위해 노력하도록 부름을 받았다. 그러므로 그리스도인은 열대 우림에서, 바다 속의 공생 관계에서, 사회적 동물의 삶에서 볼 수 있는 것과 같이 협력과 자기초월을 드러내 보이는 시스템 안에서 기쁨을 느낄 것이다. 그에 따르면, 인간은 피조물의 협력을 원하시는 하느님의 바람에 동참하여, 자연계가 번창할 수 있도록 하느님과 협력할 뿐만 아니라 자연의 종말론적 완성에 참여하는 적극적인 행위자로 부름받았다. 이 책의 뒷부분에 가면 표현과 강조점에 약간의 차이를 두고 사우스게이트의 네 가지 구성 요소를 다시 다룰 것이다.

리처드 보컴

리처드 보컴은 깊은 육화에 관한 논의에서 다양한 형태의 신적 존재를 구분하는 것으로 시작한다.[43] 각 피조물에는 창조주의 형이상학적 현존이 있어서 그 피조물을 존재하게 할 뿐만 아니라, 피조물 안에서 함께하시는 하느님의 인격적이고 자유로운 현존도 있다. 우주 창조주로서의 하느님의 현존과 더불어, 하느님은 사랑의 자유를 통해 피조

---

[43] Richard Bauckham, "The Incarnation and the Cosmic Christ," in *Incarnation: On the Scope and Depth of Christology*, ed. Gregersen, 25-56.

물 안에 하느님 자신을 현존하게 하실 수 있다. 그러므로 하느님의 현존은 단순히 우주적일 뿐만 아니라 역사적이며 구체적인 것이기도 하다. 보컴은 성경과 그리스도교 전통에서 발견되는 다양한 형태의 하느님 현존을 지적하고 있다. "여기에는 하느님 현현, 환영, 만남, 말씀 선포, 대화, 영감, 권한 부여, 섭리적 돌봄, 성사 및 육화가 포함된다."[44]

보컴은 모든 형태의 하느님 현존을 육화로 축소시키는 것에 강력히 반대한다. 그는 특히 전치사를 두드러지게 사용함으로써 육화의 유일성을 주장한다. 육화를 통하여 하느님은 단순히 피조물 안에in 또는 피조물과 함께with 현존하시는 것이 아니라, 구체적인 인간 나자렛 예수로 현존한다. 보컴은 예수 안에 계신 하느님의 현존을 다른 피조물 안에 있는 하느님의 현존과 단지 정도degree만 다른 것으로 이해하는 존 맥쿼리John Macquarrie의 신학 등 일부 현대 신학에 반대한다. 보컴에게 있어서 육화를 통한 하느님의 현존은 피조물에 현존하는 다른 형태의 하느님의 현존과 종류가 다르다.

보컴은 그리스도론에 관한 자신의 초기 연구를 바탕으로, 신약성경이 낮은 그리스도론그리스도의 인성을 강조을 표현하고 나중에야 높은 그리스도론그리스도의 신성을 강조[45]으로

---

[44] Ibid., 27.

[45] Richard Bauckham, *Jesus and the God of Israel: God Crucified and Other Studies of the New Testament Theology of Divine Identity*

발전했다는 주장에 반대한다. 신약성경에 관한 그의 관점에 따르면, 예수는 처음부터 하느님을 대신하여 메시아, 구원자, 주님 그리고 우주의 어좌에서 하느님의 오른편에 앉아 계시는 역할을 하는 차별화된 고유성을 갖는다. 그는 유다 세계에서 이러한 기능이 하느님의 정체성에 속한다고 지적한다. 신약성경을 면밀히 연구해 보면 유다 그리스도인들의 예수 숭배가 뒤늦게 전개된 것이 아니었음을 알 수 있다. 초기의 유다 그리스도인들은 처음부터 예수가 이스라엘의 유일하신 하느님의 고유한 신적 정체성에 참여한다고 보았다. 보컴은 이러한 '하느님 정체성의 그리스도론'을 바탕으로 예수를 통한 하느님의 육화를 다른 형태의 하느님 현존과 명백히 다른 종류로 이해하는 높은 그리스도론을 옹호한다.

그는 육화를 통한 하느님의 이 독특한 현존을 구원으로 본다. 그것은 모든 인류와 사랑으로 일치되는 행위를 통해 하느님이 인격적이고 의도적으로 현존하게 되시는 것이기 때문이다. 하느님은 다른 모든 인간과 함께하시기 위해 하느님 자신의 정체성을 세상의 실재인 나자렛 예수로 확립하셨다. 예수는 세례로부터 십자가에 이르기까지 가장 버

(Grand Rapids, Ml: William B. Eerdmans, 2009); *Jesus and the Eyewitnesses: The Gospels as Eyewitness Testimony* (Grand Rapids, Ml: William B. Eerdmans, 2006).

려진 사람들에게 손을 내밀었고, 심지어 죽음의 굴욕을 감당하면서까지 타인에 대한 사랑을 몸소 실천함으로써, 하느님의 사랑을 다른 사람들의 삶 안에 전하였다. 그의 부활을 통해 그리고 성령 안에서, 타인을 향한 사랑이라는 예수의 정체성이 보편화되었고 누구나 얻을 수 있는 것이 되었다. 육화의 구원 효과는 자동적이거나 준물리적인 과정이 아니라 예수와의 관계를 통해 완전히 인격적 방식으로 인류에게 영향을 주었다.

더 넓은 범위의 피조물은 어떨까? 그것은 육화와 어떤 연관이 있을까? 보컴은 성경을 하느님의 영원한 생명에 참여함으로써 모든 피조물이 새롭게 되는 그리스도의 구원을 증언하는 것으로 본다.콜로 1,15-20; 에페 1,9-10; 1코린 8,6; 히브 1,2-3; 묵시 3,14 참조 육신이 되신 말씀의 우주적 역할은 어떻게 이해할 수 있을까? 보컴은 성경에서는 만물이 우주적 말씀으로 창조되었다고 보기 때문에, 이전에는 말씀이 없었던 창조 세계 속으로 말씀이 들어가는 것이 육화라고 이해하는 방식을 거부하였다. 동시에 육화란 단순히 이미 존재하던 것의 보다 농축된 형태라는 정반대의 생각도 거부하며, "그것은 새로운 종류의 현존"[46]이라고 주장한다.

이 새로운 종류의 현존은 피조물에게 어떤 변화를 가져

---

[46] Bauckham, "The Incarnation and the Cosmic Christ," 36.

오는가? 보컴은 예수를 창조 전체의 축소판으로 보는 전통적인 관념고백자 막시무스와 보나벤투라과 현대의 창발emergence 이론아서 피코크와 야콥 클랩베이크에 관하여 논한다. 그는 현대 과학의 관점에서 인간이 더 이상 다른 모든 피조물의 총합이라고 생각할 수 없기 때문에 두 이론 모두 깊은 육화에 관한 적절한 모델이 될 수 없다고 판단했다. 그는 또한 진화의 점진적 방향성에 관한 떼야르 드 샤르댕의 견해에 비판적이며, 새 창조를 단순히 진화 과정의 결과로 볼 수 없다고 생각하였다. "그렇지만 새 창조는 우주의 내재적 과정에서 출현한 또 하나의 새로움으로 보기에는 너무나 근본적인 새로움이다. 그것은 정의상 '무로부터의 창조'creatio ex nihilo의 새로움에 비견할 수 있는 새로움이다."[47]

보컴은 인간이 다른 모든 생물종 및 무생물과 상호 의존적인 생명의 그물망 속에서 상호 연결되어 있다는 생태론적 관점으로 깊은 육화를 이해한다. 그는 인간중심주의를 지양하며 자연 세계의 다른 종 및 다른 측면의 온전함을 뒷받침할 수 있는 신학을 추구한다. 그는 전체 창조 세계의 목표가 육화를 통한 관계적 행위, 즉 하느님의 자신을 내주는 사랑의 은총 행위를 통해 이루어졌다고 보았다.

---

[47] Ibid., 54.

> 그것은 만물의 생태적 상호 연결성에 하느님과 인간이 참여하는 독특한 형태로서 온 피조물 안에 그리고 온 피조물과 함께 계시는 예수 그리스도의 사랑의 현존을 통해 이루어진다. 십자가에 못 박히신 그리스도와 피조물 전체가 불화와 퇴락의 비극 속에서 사랑의 자기동일시를 이루고, 풍성함과 생명력의 영광이 피조물 전체를 그와 함께 부활의 종말론적 새로움으로 이끄시기 때문에, 피조물 전체에 대한 변혁을 가져온다.[48]

육화를 통하여 하느님은 만물의 생태적 관계 속에 자유롭게 현존하신다. 나자렛 예수는 그의 삶과 사역을 통하여 모든 인간이 갖고 있는 더 넓은 피조물과의 상호 관계에 참여한다. 그러나 하느님의 의지 안에서 그리고 부활을 통하여, 이러한 상호 연결성은 보편화되었다. 부활하신 그리스도 안에서 예수의 인간적 특수성은 보편적으로 현존하시는 하느님의 능력과 결합되었다.

보컴은 그리스도를 피조물의 중재자로 보는 보나벤투라의 견해에 동의한다. 그리스도는 "모든 피조물의 생태적 중심이시며, 모든 것이 서로 연결되어 하느님과의 관계에서 일치와 온전함을 찾을 수 있게 하십니다."[49] 새 창조의 맏

---

[48] Ibid., 55.
[49] Ibid., 57.

이신 부활하신 그리스도는 피조물의 목표이기도 하다. 그러므로 보컴에게 있어서 하느님의 말씀은 모든 실재에 육화하신 것이 아니라 실재 전체를 변화시키는 것이다. "인간 예수로서 세상에 대한 그분의 독특한 자기참여를 통하여, 하느님은 만물 안에, 만물과 함께 현존하실 것이며, 마침내 아무런 거리낌이나 장애 없이 모든 것을 영광으로 변화시키실 것이다."[50]

그레게르센: 깊은육화신학의 개선과 발전

깊은 육화에 대한 닐스 헨릭 그레게르센의 생각은 다른 신학자들과 함께 참여하였던 2011년 엘시노어의 깊은 육화에 관한 국제 심포지엄과 2013년 버클리 신학과 자연과학센터에서 열린 J. K. 러셀 강연을 통해 발전해 왔다.[51] 다음 글에서는 깊은 육화에 관한 그레게르센의 생각에서 몇

---

[50] Ibid., 55.

[51] 엘시노어의 심포지엄에 관해서는 Gregersen, *Incarnation: On the Scope and Depth of Christology*를 참조하라. J. K. 러셀 강연과 그 반응에 관해서는 *Theology & Science* 11:4 (2013): 370-468과 "The Extended Body: the Social Body of Jesus according to Luke," *Dialog: A Journal of Theology*, 51:3 (2012), 235-45.; "The Idea of Deep Incarnation: Biblical and Patristic Resources," in *To Discern Creation in a Scattering World*, ed. F. Depoortere and J. Haers (Leuven: Peters, 2013), 319-41.; "The Emotional Christ: Bonaventure and Deep Incarnation,", *Dialog: A Journal of Theology* 55:3 (2016): 247-61을 참조할 것.

가지 핵심적인 이론적 개선과 발전 내용을 요약하려 한다. 그레게르센은 이후 여러 글에서 깊은 육화가 의미하는 바에 관해 자세히 설명하였다.

> '깊은 육화'는 하느님 자신의 로고스(지혜와 말씀)가 그리스도 예수 안에서 살이 되었고, 이러한 포괄적인 방식으로 하느님은 나자렛 출신 유다인 예수의 특정한 삶의 이야기를 통하여 피조물 존재('모든 살')의 물질적 조건과 결합하여, 모든 생물학적 생명의 형태('풀'과 '백합')의 운명을 공유하여 거룩하게 하고, 감각을 가진 생물('참새'와 '여우')의 고통을 내부로부터 경험한다는 관점을 갖는다. 따라서 깊은 육화는 물질적이고 생물학적인 존재의 뿌리(근원)뿐 아니라 피조물의 어두운 측면 tenebrae creationis 내부까지 도달하는 근본적인 육화를 전제한다.[52]

육화하신 그리스도 안에 있는 하느님의 현존의 독특함을 말하기 위하여, 그레게르센은 육화를 통한 하느님의 유일한 현존과 다른 모든 형태의 신적 현존을 구별하는 보컴의 전치사 사용을 받아들인다. 그레게르센은 보컴의 '정체성 그리스도론' identify Christology 이 깊은 육화 개념을 최초

---

[52] Gregersen, "The Extended Body of Christ," 225-26.

로 발전시키는 데 중요한 역할을 했다고 지적하면서, 사랑이신 하느님이 예수로서as 자기정체성을 갖는 것을 통해, 하느님은 모든 사람을 위해for 모든 사람과 함께with 일치되고, 더 큰 피조물 공동체를 위해 그들과 함께 일치된다고 말하고 있다.[53] 그러므로 단순히 하느님이 존재하는 모든 것 속에 육화하였다고 말하거나, 마크 존슨Mark Johnson처럼 "하느님의 육화는 어디에나 있다."[54]고 말하는 것은 적절하지 않다.

그레게르센은 육화의 세 가지 의미에 관해 이야기한다. 엄격한 의미의 육화는 예수 그리스도, 그의 생애, 그리스도의 몸으로서의 교회 그리고 그의 우주적 역할에 적용된다. 넓은 의미의 육화는 "전체 우주의 사회적, 지구생물학적 조건의 깊이와 범위를 공유하는"[55] 예수 그리스도를 가리킨다. 그레게르센은 엄격한 의미와 넓은 의미가 결합된 세 번째 의미의 육화를 육화의 구원론적 의미라고 일컫는데, 이는 그리스도가 "모든 고통받는 피조물과 함께 그리고 그들을 위해 공동으로 고난을 받으시는 분co-suffers"이시며, 생

---

[53] Gregersen, "Deep Incarnation: Opportunities and Challenges" in Gregersen, *Incarnation: On the Scope and Depth of Christology*, 363-64.

[54] Mark Johnson, *Saving God*, (Princeton, NJ: Princeton University Press, 2009), 121.

[55] Gregersen, "*Cur deus caro*: Jesus and the Cosmic Story," *Theology and Science* 11, no. 4 (2013): 370-93, at 385.

명을 부여하시는 성령의 능력으로 그들의 구원을 위해 일하신다는 의미이다.[56]

그레게르센은 확장된 그리스도의 몸이라는 개념을 장려한다. 통상적인 그리스도교 언어에서 우리는 일반적으로 예수의 역사적 삶과 사역, 부활과 함께 고양된 몸 그리고 교회라는 사회적 그리스도의 몸에 관하여 그리스도의 몸을 이야기한다. 여기에 그레게르센은 피조물 전체가 그리스도의 우주적 몸이라고 보는 개념을 추가하여, 그리스도의 몸으로서의 교회와 피조물 전체의 해방 사이에 깊은 연관성이 있는 바오로의 로마서로마 8,18-23와 우주적 그리스도의 신학을 통해 피조물 전체가 부활하신 그리스도 안에서 화해하는 콜로새서와 에페소서콜로 1,15-20, 2,9; 에페 2,11-22를 제시하였다.

그레게르센은 자신이 깊은 육화를 완전한 삼위일체신학으로 본다는 점을 분명히 한다. 그는 삼위일체의 '확장', 즉 성령에 의해 다리가 놓인 아버지와 말씀 사이의 관계에 대해 이야기한다.[57] 성령에 의해 매개되는 아버지와 영원한 말씀 사이의 '신성의 확장'은 깊은 육화를 통하여 창조의 깊숙한 곳으로 들어가는 신성의 확장 혹은 도달의 전제가 된다. 깊

---

[56] Ibid., 386.
[57] Gregersen, "The Extended Body of Christ", 235.

은 육화는 모든 지점에서 하느님의 성령에 의해 매개된다.

그레게르센에게 있어서 육화하신 말씀의 현존 자체가 구원 행위이기 때문에 그리스도의 인격과 그리스도의 구원 사역 사이에 뚜렷한 구분이 없으며, 정교한 대속 이론이 필요하지 않다.[58] 구원은 말씀을 통해 성령 안에서 하느님과 피조물 사이에 이루어지는 친교이다. 그레게르센의 관점에서 오늘날 신학이 해야 할 일은 예수로 오신 하느님의 현존이 어떻게 이미 모든 피조물을 구원하고 있는지를 보여 주는 것이다. 곧, "구원이란 복잡한 물질적·영적 세계를 변화시키기 위해 그 세계와 얽혀 있는 하느님의 자기체현적 로고스/지혜에 의해 포용되는 것을 의미한다."[59]

그레게르센은 엘리자베스 존슨과 함께, 그리스도를 통하여 하느님이 모든 피조물의 고통 속으로 들어가 근본적인 사랑으로 그들을 위해 그리고 그들과 함께하며 구원을 가져다준다는 깊은 고난과 깊은 부활의 개념을 제안한다.[60] 부활하신 그리스도는 "확장된" 또는 "포괄적인" 몸으로 모든 피조물과 함께 고난을 겪는 분이시다.[61] 그레게르

---

[58] Gregersen, "The Emotional Christ: Bonaventure and Deep Incarnation", 254.

[59] Gregersen, "Deep Incarnation: Opportunities and Challenges", 368.

[60] Gregersen, "Deep Incarnation and Kenosis: In, With and As: A Response to Ted Peters", *Dialog: A Journal of Theology* 52, no. 3 (2013): 251-62, at 260.

[61] Gregersen, "The Extended Body of Christ", 249.

센은 우리의 제한적이고 현세적인 틀에서 보면 로고스/지혜는 항상 예수 안에서 육화됨을 의미한다고만 말할 수 있음을 인정한다. 그러나 영원한 하느님 존재의 관점에서 볼 때 로고스는 육화되지 않은 적이 없었고 앞으로도 없을 것이라고 말한다. 로고스는 항상 체현되어 있었고 앞으로도 항상 체현될 것이다. "따라서 그리스도가 내면으로부터 고통과 죽음을 알지 못한다면, 신성한 삶은 존재하지도 않았고 앞으로도 없을 것이다. 요한 묵시록에 명시된 대로 어린 양은 '세상 창조 이래 … 살해된 어린양'묵시 13,8이다."[62]

그레게르센은 "로고스/하느님의 아들은 우주 질서의 아름다움뿐만 아니라 추함과 고통, 죽음도 포함하여, 갈릴래아의 안팎에 존재한다."[63]고 주장한다. 그는 부활을 "역사의 모든 순간과 시대에 영향을 미치며, 광활한 우주 공간의 모든 장소와 밀접한 것"[64]으로 보았다. 그레게르센은 오늘날 우리는 십자가, 예수의 부활, 교회, 신자들의 부활, 피조물의 해방이라는 시간적 순서를 가진 바오로의 "종말론적" 관점을 넘어설 필요가 있다고 주장한다.[65] 이미 후기 바오로 서

---

[62] Gregersen, "Deep Incarnation: Opportunities and Challenges", 370.
[63] Gregersen, "The Extended Body of Christ," 248.
[64] Ibid., 250.
[65] Ibid., 243, 248. 또한 그레게르센의 "Deep Incarnation: Opportunities and Challenges," 365, 369-70 참조.

신에서 믿는 이들의 부활은 현재 시제로 말할 수 있다. 육화와 부활은 "지속적이거나 과정적인"[66] 무언가로 간주된다. 만물의 화해와 구속은 "존재하는 모든 것에 깊이 상호 내재하시는 그리스도의 몸 안으로 더욱 깊게 성장하는 것이다. 곧, '만물은 그분 안에서 존속합니다.'콜로 1,17"[67]

피조물에 대한 하느님의 우주적 현존을 강조하는 그레게르센의 강력한 견해는 진화적 세계의 일부인 고통과 상실에 관한 그의 초점을 약화시키지 않는다. 그는 모든 자연과 인간의 사건이 하느님을 드러내지도 않고, 같은 방식으로 하느님을 드러내지도 않는다고 생각한다.

> 하느님의 편재나 육화 모두, 자연적이고 인간적인 공포를 포함하여 자연의 진화와 인간 역사의 모든 흥망성쇠 안에 드러나는, 모든 것을 통한 하느님의 전현全顯, omni-manifest을 전제하는 것이 아니다. 오히려 육신을 취한 하느님의 말씀이 쓰나미, 지진, 기아로 인해 고통받는 모든 것의 고통을 내면으로부터 함께 나누고, 인간이 서로에게 가하는 공포에 있어서 희생자의 편을 든다는 것이 요점이다.[68]

---

[66] Gregersen, "The Extended Body of Christ," 244.
[67] Ibid.
[68] Ibid., 235.

하느님은 인간과 다른 피조물에게 닥친 공포를 통해서 드러나는 것은 아니지만, 고통받는 피조물에 계시지 않는 게 아니라 자비로운 사랑과 약속으로 그들과 함께 그리고 그들을 위해 철저하게 현존하신다. 따라서 하느님은 모든 만물에 사랑으로 현존하시지만, 자연의 모든 것이 하느님을 드러내거나, 혹은 온전하게 하느님을 드러내는 것은 아니다. 곧, "자연 선택의 무자비한 고난은 하느님 창조성의 일부이지만 하느님의 본성을 드러내는 것은 아니다."[69]

최근 연구에서 그레게르센은 깊은 육화와 보나벤투라 사상, 특히 그리스도가 전체 창조 세계의 소우주microcosm라는 개념 사이의 관계에 관해 성찰하였다. 그는 보나벤투라의 설교 중 하나를 언급하며 그리스도를 모든 피조물과 존재를 공유하는 인간이라고 말했다. "실제로 그는 바위와 함께 존재하고, 식물들 사이에서 살며, 동물과 함께 느끼고, 천사와 함께 인식한다. 그리스도는 인간으로서 모든 피조물로부터 무언가를 얻었고 변화되었기 때문에, 모든 것이 그분 안에서 변화되었다고 할 수 있다."[70]

그레게르센은 그리스도와 나머지 피조물 사이의 관계를

---

[69] Gregersen, "*Cur deus caro*: Jesus and the Cosmic Story", 386.

[70] Bonaventure, *Sermones dominicales* 9.12, trans. Timothy T. Johnson, *The Sunday Sermons of St. Bonaventure* (New York: Franciscan Institute Publications, 2008), 217 참조; Gregersen, "*Cur deus caro*: Jesus and the Cosmic Story", 387.

설명하는 방식에서 소우주 접근 방식을 비판하고, 보다 생태적이고 관계적인 모델을 선호하는 보컴의 비판과 입장을 인정한다. 그러나 그레게르센은 단순히 외적이기만 한 관계성을 우려하면서 "우주의 관계들이 그리스도의 공동 구성 요소"[71]가 되는 내적인 관계성을 추구한다. 그레게르센은 내적 관계성에 관한 제안을 통해 "육화하신 그리스도는 우주 전체와 내적으로 관련되지 않는 한 육화하신 로고스가 될 수 없다."[72]고 하였다. 과학은 이제 우리 모두가 별과 동일한 물질로 만들어 졌다고 말한다. 우리는 모두 정보를 부여받은 물질 에너지로부터 비롯된다. 진화유전학은 우리 지구의 생물들이 동일한 생태계에 속하며 깊은 역사를 공유하고 있다고 알려 준다. 우리는 더 이상 우리 자신을 단순히 피부로만 존재하는 개인으로 생각할 수 없다. 그레게르센은 그리스도의 몸이 "에너지, 물질, 정보 세계의 전체적 복합체와 분리되어서는"[73] 진정으로 육화될 수 없다고 주장한다. 그리스도는 단순히 남자와 여자, 참새와 여우와 관계를 맺는 것이 아니라 기본적인 피조물의 조건을 그들과 함께 나누고 있는 것이다.

---

[71] Gregersen, "*Cur deus caro*: Jesus and the Cosmic Story", 387.
[72] Ibid.
[73] Ibid.

그레게르센의 판단에 따르면, 피조물의 소우주로서의 그리스도라는 보나벤투라의 개념은 오늘날의 맥락에서 새로운 의미를 가질 수 있다. 그는 보나벤투라의 신학을 "깊은 육화라는 중심 주제의 명확한 중세 버전"[74]으로 본다. 보나벤투라에게 있어 세상의 구원을 위해 육신이 되신 하느님의 지혜는 온 우주 창조의 모범적인 원리이기도 하다. 깊은 육화에 관한 보나벤투라와 그레게르센의 개념 모두에 있어서 그리스도의 특별함은 그 의미와 효과에 있어서 우주적인 것이라는 점이다.

그레게르센은 자신이 보는 깊은 육화가 보나벤투라와 어떻게 다른 지를 두 가지 방식으로 설명하고 있다. (1) 깊은 육화는 보나벤투라와는 다른 방식으로, 하느님의 말씀이 피조물의 혼란스럽고 지저분하고 고통스럽고 심지어 죄로 물든 측면을 포용한다고 본다. (2) 깊은 육화에서 그리스도의 십자가를 통해 고통받는 피조물과 결합된 것은 하느님 자신 안에 계신 하느님이지만, 보나벤투라는 그리스도의 고통을 그의 인간 본성의 측면으로 제한한다. 마틴 루터에 이어 그레게르센은 십자가의 연민, 낮춤, 고통을 단순히 인간의 본성이 아니라, 단일한 신-인간이라는 단일 주

---

[74] Gregersen, "The Emotional Christ: Bonaventure and Deep Incarnation", 254.

체, 즉 하느님에게 돌린다. 이를 통해 그레게르센은 하느님을 모든 복잡성과 우연성을 지닌 창조 세계와 근본적으로 일치하는 분으로서, 그 안에서부터 변화시키는 분으로 볼 수 있도록 한다.

그럼에도 불구하고 그레게르센은 구유와 십자가로 낮추어진 그리스도와 소우주 개념을 강조하는 보나벤투라의 프란치스칸 신학이 하느님 지혜가 물질 세계 안으로 들어가는 자기비움의 온전한 의미를 표현할 수 있는 내적 자원을 가지고 있다고 생각한다. 그레게르센이 보나벤투라에게 덧붙이고 싶은 것은 "그리스도는 질서 있고 조화로운 우주의 축소판일 뿐만 아니라, 구유에서 십자가에 이르는 자기낮춤의 이야기 속에서 육체적, 생물학적, 정신적 피조물의 연약한 상태를 공유하신다."[75]는 것이다. 그레게르센은 보나벤투라의 이러한 통찰과 더불어 하느님 말씀이 창조 세계에 오도록 영원히 예정되어 있음을 분명히 한 스코투스의 후기 프란치스칸 관점을 지적한다. 이러한 프란치스칸 관점에서 육화는 인간의 죄에 관한 것만이 아니라, "창조주와 피조물 사이의 전반적인 사랑의 연합에 관한 것"[76]이다. 그레게르센이 보나벤투라 사상과의 대화를 통해 깊은 육

---

[75] Ibid.
[76] Ibid.

화를 이끌어 냈듯이, 나는 다음 세 장에서 육화에 관한 다른 세 명의 위대한 신학자의 사상과 대화를 나누고자 한다. 그들은 이레네우스, 아타나시우스 그리고 칼 라너이다.

2

이레네우스와 말씀의 지상 육화

이 장에서는 이레네우스Irenaeus, 130~198년경의 신학이 어째서 현대 깊은육화신학의 토대이자 어느 정도는 선구자라고 여겨지는지 살펴보고자 한다.[1] 이레네우스는 2세기 중엽 소아시아의 스미르나Smyrna, 오늘날 튀르키예의 이즈미르에서 로마로 왔다. 그는 어린 시절 예수의 제자였던 요한을 알고 지냈던 폴리카르포스Polycarp로부터 깊은 영향을 받았다고 말한다. 그는 리옹과 비엔나 교회의 주요 인물이 되었다. 그가 쓴 《이단 논박》*Against Heresies*과 단편 《사도적 가르침의 논증》*The Demonstration of the Apostolic Preaching*은 로마에서 가정교회를 이끌었던 마르시온과 발렌티누스의 가

---

[1] 이 장과 이어지는 아타나시우스와 라너에 관한 장에서, 나는 창조에 관한 그리스도교적 이해와 관련된 부분을 설명하고자 한다. *The Historical Trajectory* (Minneapolis: Fortress Press, 2017).

르침에 대응한 것으로, 이 둘은 머지않아 더 넓어진 그리스도교 공동체와 거리를 두게 된다.[2]

마르시온의 생각에 따르면, 히브리 성경의 창조주 하느님은 예수 그리스도가 선포한 사랑의 아버지와는 완전히 다른, 급이 낮은 심판의 신, 즉 데미우르게Demiurge로 간주된다. 종종 영지주의자로 간주되는 발렌티누스의 훨씬 더 복잡한 입장에서는, 세상의 창조주가 플레로마충만함의 신성한 영역에서 비천하고 불행하게 추방된 존재로 묘사된다. 이 신성한 영역은 '심연'Bythos이라고도 불리는 최고 원리인 아버지로부터 유출되어 하강하는 30개의 아이온Aeon 계층으로 이루어져 있다. 물질과 육체는 플레로마를 구성하는 아이온들 사이의 재앙적인 질투와 불화로 인해 생겨나는 비열하고 추잡한 행위의 부작용으로 발생한다. 이러

---

[2] 《이단 논박》*Against Heresies* (이하 *AH*), *Source chétiennes series*, 263-64, 293-94, 210-11, 100, 152-53 (Paris: *Les éditions du Cerf*, 1952~82). 《사도적 가르침의 논증》*The Demonstration of the Apostolic Preaching* (이하 Demonstration) in *Source chétiennes*, 406 (Paris: Les éditions du Cerf, 1995).
*AH*의 처음 세 권의 책에 관한 영어 번역은 Ancient Christian Writers series (New York: Newman): book 1, vol. 55 (1992), book 2, vol. 64 (2012), both trans. Dominic J. Unger, revised John J. Dillon; book 3, vol. 65 (2012) trans. Dominic J. Unger, rev. Irenaeus M. C. Steenberg.
제4권과 제5권은 AntiNicene Fathers series, vol. 1 (Edinburgh, 1887; reprinted Grand Rapids, MI: Eerdmans, 2012), trans. A. Roberts and W. J. Rambaut를 참조하였다. 일반적인 'man'을 'the human' 혹은 'human being'으로 번역하여 약간의 수정을 가하였다. Demonstration에 대한 영어 번역은 John Behr, St. Irenaeus of Lyons, *On the Apostolic Preaching* (Crestwood, NY: St. Vladimir's Seminary Press, 1997)을 참조.

한 발렌티누스의 입장에서 이레네우스가 말하듯이 물질적 창조는 "무지와 슬픔, 두려움과 미혹으로부터" 시작된다.[3] 이와 대조적으로 이레네우스는 창조와 구원의 유일하신 하느님의 선하심과 피조물의 아름다움과 선함, 구세주 육신의 지상에서의 실재를 옹호한다.

지상으로 내려온 일자The One: 창조와 구원의 경륜

이레네우스는 예수 그리스도의 아버지이시며 "하늘과 땅과 그 안에 있는 모든 것을 만드신 창조주"이신 오직 한 분의 하느님만 존재한다고 주장한다.[4] 이레네우스는 이 하느님에 대해 "그분 위에나 그분 뒤에 그 어떤 것도 없으며, 그분은 누구의 영향도 받지 않고 오히려 자신의 권고와 자유 의지로 만물을 만드셨으며, 그분 홀로 하느님이시고, 그분 홀로 주님이시며, 그분 홀로 창조주이시고, 그분 홀로 아버지이시고, 그분 홀로 만물을 담고 계시고, 그분 스스로 만물에 존재를 부여하셨다."[5]라고 적고 있다. 이 유일하고 초월적인 창조의 하느님과 예수 그리스도의 하느님 사이

---

[3] *AH* 1.2.3.
[4] *AH* 2.1.1.
[5] Ibid.

의 완전한 동일성은 마르시온과 발렌티누스의 견해에 반대하는 이레네우스의 핵심적인 주장이었다.

데니스 민스Denis Minns가 지적했듯이, 창조주에 대한 이레네우스의 종교적 경외심과 사랑은 하느님이 창조한 선한 세상에 대한 종교적 경외심과 사랑으로 이어진다. 이레네우스는 약하고 질투심 많은 신 혹은 신보다 못한 존재가 이렇게 풍요롭고 아름다운 세상을 가져올 수 있다고 생각하는 사람이 있다는 사실에 놀랐다.[6] 그는 창조 세계에 대한 부정적 견해에 동조하지 않는다. "그는 창조 세계가 그 풍부한 다양성 속에서 경이로움과 기쁨이 넘치는 장소라는 것을 당연하게 여기며, 지각을 가진 피조물이 하느님 안에서 항상 새로운 경이로움과 기쁨의 기회를 발견하면서, 영원히 존속해야 한다는 목적을 지니고 무한히 풍부한 다양성과 선함을 가진 하느님에 의해 창조되었다고 추론하였다."[7] 창조는 저급하고 시기심 많고 옹졸한 창조주의 작품이 아니라, 관대하고 끝없이 풍성한 사랑의 작품이다.[8]

말씀이 육신이 되신 예수 그리스도 그리고 무엇보다도 그분의 십자가는 창조의 근원이 되는 사랑의 참된 본질을

---

[6] Denis Minns, *Irenaeus: An Introduction* (London: T&T Clark, 2010), 33. See *AH* 2.2.1; 4.3; 10.3; 25.2; 26.3; 29.2; 30.3; 3.praef.

[7] Minns, *Irenaeus: An Introduction*, 33-34.

[8] *AH* 3.praef.

드러낸다. 존 베어John Behr는 이레네우스에 관하여, "십자가는 하느님 계시의 결정적인 사건으로, 우리 역사 안에서 발생했지만 영원한 의미를 지니고 있으며, 하느님의 말씀에 대해 말할 수 있는 유일한 관점은 십자가 관점이다."라고 지적했다.[9] 이레네우스는 십자가 관점에서 하느님의 한 가지 위대한 경륜economy이 창조와 구원을 영원히 포용한다고 보았다. 그는 하느님이 하느님의 피조물을 위해 행하시는 모든 것을 포괄하는 진정한 보편적인 의미로 경륜이라는 용어를 사용했다.[10] 베어가 지적했듯이 이레네우스는 경륜을 공시적으로 바라볼 때가 있는데, 이는 마치 왕의 아름다운 모자이크처럼 성경 전체가 각기 다른 부분들이 모여 예수 그리스도의 초상화를 구성하는 것과 같다.[11] 어떤 때에는 하나의 경륜을 통시적이고 발전적으로 논의하며, 하느님의 두 손, 즉 말씀과 성령이 역사 속에서 피조물의 구원을 점진적으로 만들어 가시는 것에 대해 이야기 한다.

이레네우스에게 육화는 모든 것의 중심이다. M. C. 스틴버그M. C. Steenberg는 육화에 중심을 두고 육화의 관점에서 창조를 돌아보는 것이 창조에 대한 세 가지 기본 신념

---

[9] John Behr, *Irenaeus of Lyons: Identifying Christianity*, (Oxford: Oxford University Press, 2013), 134.

[10] Ibid., 125. 물론 다른 신학자와 마찬가지로 이레네우스도 특정한 순간과 하느님의 행위를 경륜(economy)으로 말할 수 있다.

[11] Ibid. and *AH* 1.8.10.

으로 이레네우스를 이끌었다고 적고 있다.[12] 첫째, 그는 하느님이 신성한 선함으로부터 순수한 사랑으로 창조하셨기 때문에 피조물의 물질성과 육신을 신성한 선성의 자기표현으로 본다.[13] 둘째, 그는 하느님이 무로부터 창조하신다고 주장한다. 하느님은 천사 같은 중개자나 어떤 형태의 낮은 단계의 신을 통해서가 아닌 직접 우주의 모든 존재를 창조하신다.[14] 셋째, 그는 피조물이 새로워지고 인간이 그리스도의 형상과 모양을 온전히 갖추게 될 때, 모든 피조물이 육신이 되신 말씀을 향하고 그 말씀 안에서 종말론적 미래를 향하게 된다고 본다.[15] 이레네우스의 그리스도중심적 전망에서, 육화하신 그리스도라는 시작은 그 안에서 만물의 변화라는 끝을 포함하며, 끝은 시작을 알려준다.

창조와 구원의 육화를 하나의 경륜 안에서 근본적으로 결합시키는 것은 오직 그리스도와 그분의 십자가 안에서만 온전히 드러나는 하느님의 사랑이다. 이레네우스에게 창조와 육화는 가장 중요한 하느님 행위의 두 부분이다. 하느님의 유일한 경륜에 대한 그의 생각은, 하느님은 인간이

---

[12] M. C. Steenberg, *Irenaeus on Creation: The Cosmic Christ and the Saga of Redemption*, (Leiden and Boston: Brill, 2008), 29-60.
[13] *AH* 3.25.5.
[14] *AH* 2.10.2; 2.28.7; Demonstration, 4.
[15] *AH* 5.25-35.

점진적인 단계를 거쳐 하느님과 일치하는 공동체로 성장하기를 원하시며 하느님은 사랑하고 인내하며 강압적이지 않은 방식으로 이러한 발전을 가능하게 하신다는 확신에 기초한 역사신학으로 볼 수 있다.[16] 이레네우스는 말씀이 육화한 것은 "인간이 하느님을 받아들이는 데 익숙해지고, 하느님이 인간 안에 거하는 데 익숙해지기 위해서"[17]라고 말한다. 현대의 깊은 육화가 모든 피조물 전체를 포괄하려고 시도하는 것과는 달리 이레네우스의 육화신학은 종종 인간에 초점을 맞추고 있으며, 넓은 범위의 피조물은 인간의 유익을 위해 만들어졌다고 말하고 있다.[18] 그러나 그는 보다 넓은 범위의 피조물에 대해 긍정적인 견해를 가지고 있으며, 인간은 항상 이 물질과 육신의 세계에 심어져 있는 존재로 보았다. 나중에 살펴보겠지만, 그는 그리스도 안에서 '만물'을 포함하는 총괄갱신신학과 전체 피조물을 포함하는 종말론적 구원신학을 갖고 있다.

경륜에 관한 이레네우스의 성찰에서 아담은 중심적 역할을 한다. 이레네우스는 육체를 희생하여 영적인 것을 높이려는 영지주의의 경향에 맞서 인간은 흙으로 만들어졌

---

[16] Minns, *Irenaeus: An Introduction*, 69.
[17] *AH* 3.20.2.
[18] *AH* 5.29.1.

다는 사실을 끊임없이 상기시키고자 한다. 물론 이레네우스에게 아담과 하와는 단순한 개인이 아니라 모든 인간이 그들로부터 나왔기 때문에 인류 전체를 상징한다. 민스는 흙에서 나온 아담이라는 이레네우스의 관점에 근접하는 한 가지 방법은 그를 흙의 피조물이라고 말하는 것이라고 제안하였다.[19] 이레네우스가 아담을 흙의 피조물로 이해하는 것은 창세기 1장 26절과 창세기 2장 7절의 조합에 근거한다. 우리는 창세기 1장 26절 "우리와 비슷하게 우리 모습으로 사람을 만들자."라는 구절에서 인간 창조에 관한 하느님의 의도를 표현한 것을 발견할 수 있다. 창세기 2장 7절에서 우리는 하느님께서 흙의 먼지$_{adamah}$로부터 흙의 피조물$_{adam}$을 창조하시고 이 피조물의 코에 생명의 숨을 불어넣으심으로써 그분의 의도를 어떻게 수행하시는지 볼 수 있다. 이레네우스는 인간은 땅의 흙으로부터 하느님의 형상과 모양대로 만들어졌다고 결론지었다.

이레네우스에게 있어, 신의 모상대로 흙으로부터 인간을 만든 것은 완전한 삼위일체적 행위이다. 하느님은 말씀과 지혜의 두 손으로 지상의 피조물을 창조한다. 대부분의 후기 그리스도교 전통과 달리 이레네우스는 지혜를 성령과 동일시한다. 따라서 유일무이한 초월자 하느님은 천사

---

[19] Minns, *Irenaeus: An Introduction*, 70.

나 다른 힘과 같은 중개자 없이도 하느님의 말씀과 영을 통해 직접적으로 지상 피조물을 창조하신다.

> 그러므로 천사가 우리를 만든 것도, 우리를 형성한 것도 아니며, 하느님의 모상을 만들 수 있는 능력이 천사에게 있지도 않고, 만물의 아버지로부터 멀리 떨어져 있는 어떤 힘도 아니고, 하느님의 말씀을 제외하고는 그 누구도 아니다. 하느님께서는 마치 두 손이 없는 것처럼 자신이 미리 스스로 결정한 것을 완성하기 위해 이러한 [존재]가 필요하지 않으셨기 때문이다. 말씀과 지혜, 아들과 성령이 항상 그와 함께 계셨기 때문에, 그들에 의해 그리고 그들 안에서 자유롭고 자발적으로 만물을 만드셨으며, 또한 그들에게 "우리의 형상과 모양대로 인간을 만들자."고 말씀하셨다.[20]

이레네우스는 종종 인간 피조물을 하느님의 플라즈마 plasma라고 하였는데, 이 단어는 라틴어와 이레네우스가 사용한 그리스어 원어에서 빚어진 또는 형성된 것을 의미한다. 인간은 말씀과 영의 두 손에 의해 빚어지고 형성된 하느님의 수공예품이다. 모든 피조물은 하느님의 손 안에 있

---

[20] *AH* 4.20.1.

으며, 인간 개개인은 하느님의 손에 끊임없이 붙들려 있고 이 손에 의해 끊임없이 형성된다.

이레네우스 사상의 중심에는 흙의 피조물인 아담과 육신을 입고 오신 하느님의 말씀의 관계가 있다. 그는 아담이 장차 오실 분의 '예형'이라는 바오로의 생각을 받아들인다.로마 5,14 이미 언급했듯이, 창조의 시작을 이해할 수 있는 유일한 관점은 종말, 십자가의 말씀, 그리스도 안에서 만물의 최종적 변화라는 것이 이레네우스의 특징이다.[21] 선재하는 말씀이 창조의 진정한 시작이지만 이 진정한 시작은 종말에만 나타난다. 이레네우스는 이렇게 말한다.

> 그러므로 바오로도 아담을 장차 오실 분의 한 예형으로 묘사했는데, 이는 만물의 장인이신 말씀이 인류를 대신한 하느님의 아들과 관련된 미래의 경륜을 자신을 위하여 미리 설계하셨기 때문이다. 곧, 하느님은 영적인 인간[그리스도]에 의해 구원받을 수 있도록 맨 처음의 영혼이 있는 인간[아담]을 예정하셨기 때문이다. 구세주가 미리 존재했던 만큼 구원받을 대상 또한 존재해야 했다. 그렇게 해야 구세주가 목적이 없는 존재가 되지 않을 수 있었다.[22]

---

[21] Behr, *Irenaeus of Lyons*, 145.
[22] *AH* 1. 22. 3.

이레네우스는 아담과 그리스도 사이의 바오로의 유형론적 상관관계를 확장하여 "시작의 관점에서 그 끝을 이해하고, 그 끝이 다시 시작을 비추는, 모든 것을 포용하는 하느님의 경륜"[23]이 되게 하였다. 말씀과 하느님의 숨결을 통해 흙이 아담 안에서 처음으로 생명을 얻게 된다. 그러나 "마지막 아담은 생명을 주는 영이 되셨고"1코린 15,45, 두 번째 아담이신 그리스도 안에서 성령은 인간 피조물에게 하느님과 교제할 수 있도록 생명을 불어넣으셨다.

하느님과 비슷하게, 하느님 모습으로 사람을 만들자는 것창세 1,26이 처음 표현된 하느님의 의도였고 그것은 하느님께서 두 손으로 흙을 빚어 인간을 만들면서 시작되었다. 이는 참 형상이자 참으로 살아 있는 인간인 그리스도 안에서 완성된다. "아담을 통해 윤곽이 그려지고 생명의 숨결로 살아 움직이게 된 흙이, 그리스도에 의해 완벽해지고, 성령에 의해 활력을 얻게 되었다. 성령은 하느님의 손이시며, 성령을 통해 하느님은 경륜 전체에 걸쳐 친히 일하신다."[24] 이레네우스는 "살과 피는 하느님의 나라를 물려받지 못하고"1코린 15,50라고 하는 반대자들의 주장에 동의할 수는 있지만, 하느님의 두 손 때문에 육의 피조물도 그 나라를 유

---

[23] Behr, *Irenaeus of Lyons*, 122.
[24] Ibid., 123.

업으로 받을 수 있고 또 실제로 받는다고 주장한다. 중요한 것은 이레네우스가 보기에 우리는 살과 피로부터from 구원받는 것이 아니라, 그리스도로부터 시작하는 살과 피 안에서in 그리고 그 살과 피를 통하여through 창조되고 재창조된다는 것이다.[25]

민스가 지적했듯이, 오늘날 우리는 성경의 유형학을 구약에서 나온 어떤 것이 그리스도의 새로운 경륜에서 일어날 어떤 것을 예시하는 것으로 생각하는 경향이 있지만, 이레네우스는 이와 대조적으로 유형을 문자 그대로의 그리스어 의미로 보아 밀랍에 인장을 찍은 것 같은 자국 혹은 각인으로 생각했다. 그러므로 아담은 단순히 그리스도를 예시하는 것이 아니라, 아담의 육신적 인성이 그리스도의 육신적 인성을 따라 형성된 것이다. 곧, 이레네우스의 생각에 따르면 "그리스도의 결과로 아담이 나온 것이지 그 반대가 아니다."[26]라는 것을 의미한다.

이레네우스는 인간 안에 있는 하느님의 형상과 닮음에 대해 다양한 방식으로 말할 수 있지만, 특히 눈에 띄는 방식으로 이 형상과 닮음에 대한 이중의 이해를 제안한다. 첫째, 하느님께서 흙으로 인간을 빚으실 때 육화하신 말씀

---

[25] Ibid.
[26] Minns, *Irenaeus: An Introduction*, 100.

의 몸의 본을 따라 빚으셨다는 것이다. 그러므로 우리 몸은 그리스도의 몸을 본떴기 때문에 우리는 하느님의 모상이다.[27] 둘째, 세례를 통해 하느님의 영이 부활하신 그리스도의 육신에서 발산하는 빛으로 우리 몸을 목욕시킬 때, 우리는 썩지 아니함에 참여하면서 하느님의 형상을 닮아갈 것이다.[28]

이레네우스는 인간이 하느님의 형상과 닮음대로 창조되었다고 말하고 있지만, 신의 형상대로 창조된 인간은 점진적인 발전 과정을 통해서만 하느님의 완전한 형상에 도달하게 되어 있다고 보는 것 또한 그의 특징이다. 그는 최초의 인간을 젊고 경험이 부족한 존재로 생각했다. 또한 아담과 하와의 젊은 시절의 불순종을 심각하게 받아들이고, 그리스도가 십자가에서 순종함으로써 그 불순종과 죽음이 패배하고 극복되었다고 보았다. 그러나 그의 관점에서 보면, 인간은 젊었을 때의 미성숙함 때문에, 또한 하느님의 경륜이 아직 완성에 이르지 않았기 때문에 하느님과 닮은 모습을 쉽게 잃어버렸다. 놀랍게도 그는 인간이 불순종하고 하느님 닮음을 잃어버린 이유를 더 구체적으로 제시하였는데, 그것은 "그 형상에 따라 인간이 창조된" 참 형상이

---

[27] *Demonstration*, 22. *AH* 5.16.2.
[28] *AH* 5.6.1; 7.2; 8.1.

신 육화된 말씀이 아직 우리 역사에 나타나서 가시화되지 않았기 때문이다. 참 형상이 아직 육신을 입고 나타나지 않았기 때문에 인간은 "쉽게 그 닮음을 잃었다."[29]

육화와 총괄갱신

경륜이라는 단어와 마찬가지로 총괄갱신recapitulation이라는 단어도 그리스 수사학 학파에서 널리 사용되었다. 이 학파에서 recapitulation은 전체 주장을 다시 말하는 것, 압축하는 것, 표현하고자 하는 것의 모든 세부 사항을 통일되고 완전한 그림으로 가져오는 전형epitome 혹은 개요résumé였다. 신약성경에서, 바오로는 율법의 다양한 계명들을 예수의 말씀 "네 이웃을 너 자신처럼 사랑해야 한다."로마 13,9로 총괄갱신할 수 있었다. 에페소서에서 우리는 하느님의 경륜, 즉 창조와 구속을 포함하는 하느님의 계획은 만물이 그리스도 안에서 갱신되는 것이라고 듣게 된다. "그리스도 안에서 미리 세우신 당신 선의[경륜]에 따라 우리에게 당신 뜻의 신비를 알려 주셨습니다. 그것은 때가 차면 하늘과 땅에 있는 만물을 그리스도 안에서 그분을 머리로 하여 한데 모으는[recapitulate] 계획입니다."에페 1,9-10 하느님께서

---
[29] *AH* 5,16,2.

는 부활하신 그리스도의 발아래 만물을 두셨고, "만물 위에 계신 그분을 교회에 머리로 주셨습니다[recapitulation]. 교회는 그리스도의 몸으로서, 모든 면에서 만물을 충만케 하시는 그리스도로 충만해 있습니다."에페 1,22-23[30]

이레네우스가 총괄갱신이라는 단어를 사용한 문학적/수사학적 배경에 주목하는 것이 중요하다. 그리스도의 복음이 갱신되어 있는 것은 특별한 방식으로 기록된 말씀, 곧 성경이다. 성경의 모든 말씀은 육신이 되신 말씀 안에 총괄갱신되어 있으며, 이레네우스는 이 말씀을 세상 안에서의 그리고 세상을 위한 하느님의 '간결한 말씀'concise으로 간주한다.[31] 성경 전체가 하느님의 말씀에 대해 말하고 있지만, 성경의 장황함이 오히려 말씀을 모호하게 만든다. 그래서 이레네우스는 그리스도의 복음은 율법을 "짧게 자르고", "믿음과 사랑의 간결함에 따라" 구원을 드러낸다고 말한다.[32] 이 복음은 교회의 전통과 삶 속에서 진정으로 선포된 말씀이다. 성경이 그리스도 안에서 이루어진 하느님의 사역을 통시적으로 길게 말하는 반면, 복음은 성경을 간결한 하느님의 말씀으로 공시적으로 총괄갱신한다.[33]

---

[30] 에페 4,15; 콜로 1,18; 2,10도 참조할 것.
[31] *Demonstration*, 87. Behr, *Irenaeus of Lyons*, 124-44 참조.
[32] *Demonstration*, 87.
[33] Behr, *Irenaeus of Lyons*, 139.

그리스도에 대해 공시적으로 말하는 전체 성경 기록에 대한 이레네우스의 견해는 두 가지 이미지에 담겨 있다. 첫 번째는 이미 언급했듯이 숙련된 예술가가 귀중한 보석으로 만든 왕의 아름다운 모자이크와 같은 성경의 이미지이다.[34] 타일이 깨지거나 이동하면 모자이크는 왜곡된다. 이레네우스는 반대자들이 자신들의 발렌티누스적 관점을 뒷받침하기 위해 특정한 텍스트를 취사선택할 때 모자이크가 왜곡된다고 보았다. 오직 그리스도교 공동체에서 선포된 복음만이 성경 전체를 그리스도의 찬란한 초상화로 볼 수 있게 해 준다. 성경을 공시적으로 올바르게 읽기 위하여 이레네우스가 제시한 두 번째 이미지는 밭에 숨겨진 보물의 비유이다.마태 13,44[35] 이레네우스는 그리스도인들이 교회에서 선포된 그리스도 복음의 빛으로 성경을 읽을 때, 성경에 숨겨진 보물은 그리스도이며, 이 보물에 빛을 밝히는 것은 그리스도의 십자가라는 설을 내세웠다.

이레네우스는 《사도적 가르침의 논증》에서 육화를 다루면서, 에페소서 1장 10절의 총괄갱신에 관한 본문을 언급하며 그리스도 안에서 구원을 위한 준비로 제시된 성경에 대한 광범위한 검토를 마무리한다. 시대의 종말에 하느님

---

[34] *AH* 1.8.1.
[35] *AH* 1.26.1.

의 말씀은 이제 그 자신을 통해서 "하늘과 땅에 있는 것들", 곧 "만물을 총괄갱신"하는 인간으로서 계시된다. 이 갱신은 예수 안에 존재하는 인성과 신성 사이의 새롭고 열정적인 친교에서 발생한다. 이레네우스는 말씀이 육신을 입고 우리에게 오시지 않았다면 우리는 "썩지 않는 것에 어떤 참여도 할 수 없었을 것"[36]이라고 말한다. 비록 우리가 아담으로부터 받은 육신에 얽혀 있고, 아담의 불순종으로 인한 죽음에 묶여 있지만, 이제 우리는 육신으로 오신 말씀의 순종 덕분에 해방되었다. "말씀이 육신이 되신 것은, 죄가 억누르고, 장악하고, 지배하는 육신을 통해서 더 이상 그 죄가 우리 안에 있지 않게 하시려는 것이다."[37]

이레네우스의 생각에 따르면, 말씀이 최초로 빚어진 아담과 동일한 체화sárkósis를 받는 것은 필수적이다. 그리하여 말씀은 "아담을 통해 우리에게 충격을 준 것을 아담을 통해 극복"[38]할 것이다. 하느님이 땅으로부터 흙을 취해 최초의 지상 피조물을 만들어 내셨듯이, 이제 이 최초의 인간을 "총괄갱신"한 새 아담은 "동일한 체화[sárkósis]의 방식[oikonomia]을 따른다."[39] 이레네우스는 순수한 흙과 하

---

[36] *Demonstration*, 31.
[37] Ibid.
[38] Ibid.
[39] Ibid., 32.

느님의 숨결로 만들어진 최초의 인간과 동정녀 마리아에게서 성령으로 태어나신 예수 사이에 유사점이 있다고 보았다. 그리스도가 아담의 육체를 공유한 것은 그가 진정으로 마리아에게서 태어났기 때문이다. "그는 다른 어떤 형상[plasma]도 받지 않았다. 그러나 아담의 종족인 여자에게서 태어났으며, 그 형상의 닮음을 유지했다."[40]

이레네우스는 "'불멸이 필멸을 빨아들일 수 있도록' 아담이 그리스도 안에서 갱신되는 것이 필요했다."고 하였다.[41] 나무를 통해 발생한 범죄가 십자가 나무에 의해 극복되었기 때문에 십자가는 이 갱신의 중심에 있다. "그래서 나무에 매달려 죽기까지 순종하신 그 순종으로 인해, 나무로 말미암은 옛 불순종은 없어졌다."[42] 이어서 이레네우스는 주목해 읽을 만한 본문에서 십자가의 형상에 못 박히신 말씀은 이미 창조의 모든 차원에 각인된 말씀이라고 피력한다. 모든 피조물은 그 길이와 너비, 높이와 깊이에서 창조주 하느님의 말씀의 현존과 활동으로 인해 십자가 형상을 띠고 있다.

---

[40] Ibid., 33.
[41] Ibid., 2코린 5,4; 1코린 15,54 참조.
[42] Ibid., 34.

그리고 그분은 전능하신 하느님의 말씀이시며, 보이지 않게 온 피조물에 스며들어 계시어, 그것의 길이와 너비, 높이와 깊이를 아우르시는 분이시므로, 하느님의 말씀에 의해 모든 것이 다스려지기 때문에, 이 [4중의 차원] 안에서 십자가에 못 박히신 하느님의 아들 또한 만물 안에 십자가의 형상으로 각인되셨다. 그분께서는 가시적이 되어 모든 것 안에 십자가 형상을 나타내는 것이 필요했고, [십자가 위에] 보이는 그분 형상으로 보이지 않는 [차원]에 있는 그의 활동을 드러내는 것이 필요했기 때문이다. 왜냐하면 그분은 높은 곳, 즉 하늘의 것들을 비추시고, 땅 아래 있는 '심연'을 붙드시며, 동쪽에서 서쪽으로 '길이'를 뻗으시고 북쪽과 남쪽 지역의 '넓이'를 탐색하여, 사방에 흩어진 사람들을 아버지를 알도록 초대하는 분이시기 때문이다.[43]

민스는 십자가의 말씀이 "십자가 형상의 흔적으로 현존하는 그분을 우주 안에 반영한다. 그것은 창조계 전체를 통하여 뻗어나가며 존재하는 모든 부분을 지탱한다."[44]고 말한다. 베어 역시 이레네우스가 하늘과 땅을 꾸미고 질서를

---

[43] Ibid. 이레네우스는 유스티누스의 《첫 변증서》*First Apology* 60장의 논지를 바탕으로 삼은 것으로 보이며, 유스티누스는 다시 플라톤의 《티마이오스》*Timaeus* 36B에서 실마리를 얻은 것이다.

[44] Minns, *Irenaeus: An Introduction*, 109.

부여한 하느님의 말씀이 "십자가 형상의 방식"으로 행하신 것이라 보았다고 해석한다.[45] 이레네우스에게 모든 피조물은 말씀의 작품으로 이해되며, 말씀은 이 작품을 통해 창조주를 계시하는 분이다.[46] 아브라함, 모세 그리고 성경에 기록된 모든 경륜과 관련 있는 분은 바로 이 피조물의 말씀이다. 예수 그리스도 안에서 "항상 인류와 함께 현존하는" 분인 말씀은 이제 말씀 자신의 작품과 연합되고 접목된다. 이 분은 "우리를 위해 고난을 받으시고 우리를 위해 부활하셨으며, 아버지의 영광으로 다시 오셔서 모든 육체를 일으키실"[47] 육신이 되신 말씀이다. 육화하신 말씀은 그의 죽음과 부활을 통해 모든 것을 갱신하고, 구원하고, 완성한다.

> 그러므로 우리가 살펴본 바와 같이, 아버지 하느님과 우리 주 그리스도 예수는 한 분이시며, 모든 경륜을 통해 오셔서 모든 것을 자기 안에 갱신하신다. 이제 하느님의 작품인 인류도 이 '모든 것'에 포함되어 있다. 그래서 그분은 보이지 않는 것을 보이게 하시고, 이해할 수 없는 것을 이해할 수 있게 하시고, 통과할 수 없는 것을

---

[45] Behr, *Irenaeus of Lyons*, 135.
[46] *AH* 4.6.6.
[47] *AH* 3.16.6.

통과하게 하시고, 말씀이 인간이 되게 하셔서, 말씀이신 인간을 그분 자신 안으로 갱신하셨다. 그리하여 하느님의 말씀이 초천상적, 영적, 비가시적 존재에 대한 주권적 통치자인 것처럼, 그분도 가시적이고 육체적인 것에 대한 주권적 통치권을 보유할 수 있도록, 모든 것을 그분 자신 안에 총괄갱신하셨다. 따라서 그분은 최고의 우위를 차지하고 교회의 머리로 자신을 구성함으로써, 적절한 때에 모든 것을 그 자신에게로 끌어올 수 있을 것이다.[48]

이레네우스는 이 변화하는 총괄갱신이 영적 실재뿐만 아니라 "눈에 보이는 육체적인 것"도 포함한다고 주장한다. 그는 육체와 분리된 신학에 강력히 저항한다. 그리스도 안에서 발생하는 것은 "모든 것", 곧 눈에 보이는 것, 물질적인 것, 생물학적 세계, 인간 세계 전체를 포함한다. 이레네우스는 분명히 인간에 초점을 맞추고 있지만, 위의 인용문이 확실히 해 주듯이, 인간은 더 넓은 "만물"의 일부이며, 이 만물은 그리스도 안에서 총괄갱신된다. 토마스 토렌스Thomas Torrance는 총괄갱신의 의미를 창조의 시작부터 최종 완성에 이르기까지 모든 피조물에 적용되는 것으로 정리하였다.

---

[48] *AH* 3.16.6.

'총괄갱신'은 예수 그리스도 안에서 이루어진 하느님의 구원 활동이 단순히 시공간의 우리 존재를 한순간에 건드리는 초월적 행위가 아니라, 우리 존재 안으로 들어와 그 안에서 역사하시는 활동이며 태초의 창조로 거슬러 올라가 그 안에서 신의 뜻을 되새기고 재확인하며 만물이 함께 집결하는 새 창조의 완성을 향해 나아감으로써 끝과 시작을 연결하는 것을 의미한다.[49]

피조물의 변화 - 성자의 나라

이레네우스는 창조를 정적인 무언가로 생각하지 않았다. 그에게 창조는 처음부터 육화하신 말씀과 약속된 나라라는 고유한 목표를 향해 정향되어 있다. "창조는 정적인 것이 아니라, 창세기에서부터 완성하고자 의도되었던 지점이며, 육화하신 그리스도의 영원한 나라에 관한 약속에서 온전히 드러난 그 목적을 향하여 끊임없이 성숙하고 전진하는 것이다."[50] 이레네우스는 창조의 6일은 우주적 안식일에 이르러 절정에 도달할 구원 경륜의 위대한 시대를 가

---

[49] Thomas F. Torrance, *Divine Meaning: Studies in Patristic Hermeneutics* (Edinburgh: T&T Clark, 1995), 121.

[50] M. C. Steenberg, *Irenaeus on Creation: The Cosmic Christ and the Saga of Redemption* (Leiden and Boston: Brill, 2008), 52.

리키는 것이며, 그 안식일에 피조물은 완성되어 안식을 얻을 것이라고 보았다. 그때 그리스도는 "이 땅의 유업을 새롭게 하고" 육신의 부활을 통하여 하느님 자녀들의 영광을 회복할 것이다.[51]

성경의 묵시록 본문에서 영감받은 이레네우스는 적그리스도가 3년 반 동안 예루살렘 왕국을 세우고, 그 다음에 그리스도가 오셔서 적그리스도를 물리쳐 무너뜨릴 것이라고 예상하였다. 그때에 의인들은 죽은 자들 가운데에서 일어나 성자의 나라에 살게 될 것이다. 그 기간의 마지막에 성자는 그 나라를 성부에게 넘길 것이다. 새 하늘과 새 땅이 생겨나고 천상 예루살렘이 새 땅으로 내려올 것이다.[52] 이레네우스는 파피아스"요한에게 들은 자이며 폴리카르포스의 동료"의 견해를 따라, 구원 경륜이 땅의 갱신, 죽은 자들의 부활 그리고 부활하신 그리스도가 천 년 동안 지상에 거하시러 오시는 것을 포함하는 지상 왕국을 향하는 것으로 보았다.[53] 이레네우스 이후 한 세기 동안, 오리게네스와 같은 많은 플라톤 학파의 신학자들은 이 천년왕국 비전이 너무 육적이고 세속적이라고 판단하여 훨씬 영적인 신학으로 대

---

[51] *AH* 5.33.1.
[52] *AH* 5.33.2.
[53] *AH* 5.33.4.

체하였다. 그러나 이레네우스의 전체적 입장은 물질적 창조, 인간의 육신, 육화에 관한 긍정적인 관점에 기초하고 있다. 그는 다가오는 하느님 나라에 관한 어떤 종류의 영지적인 해석도 지지하지 않았다.[54] 이레네우스는 구원 경륜과 관련하여 흙에서 만들어진 육신에 집중하는 관점을 가지고, 부활의 약속이 어떤 우화적이거나 혹은 영지적 해석으로 설명될 수 있다는 견해를 명백히 거부하였다.[55]

그의 관점에서 볼 때, 이 물질적 창조 세계 안에서 수고하고 고통을 겪은 사람들이 바로 이 창조 세계 안에서 "하느님을 바라보기 위해 다시 일어날 것이며", 이 창조 세계는 그 자체가 새롭게 될 것이라는 것은 적절하고 합당한 일이다.[56] 그에게 이 창조 세계 안에서 하느님의 사랑을 위해 죽임을 당한 성인들이 바로 이 창조 세계에서 다시 살아나는 것은 당연한 일이다. 이레네우스는 타락의 속박에서 해방된 피조물에 관한 로마서 8장을 인용하며, 모든 피조물이 태초의 상태로 회복되어 의인들의 지배 아래 놓이게 될 것이라고 말한다.[57] 그는 이 회복을 오래전 아브라함에게 약속된 땅의 약속이 완성된 것으로 본다. 아브라함은 생전

---

[54] Minns, *Irenaeus: An Introduction*, 142.
[55] *AH* 5.35.1-2.
[56] *AH* 5.32.1-2.
[57] *AH* 5.32.2.

에 땅을 받지 못했지만, 그와 그의 모든 자손"하느님을 경외하고 그를 믿는 자"이 부활하여 새롭게 된 땅에서 땅을 선물로 받을 때 그 약속은 완성될 것이다.[58]

이레네우스는 회복된 땅을 영광스러운 결실로 전망한다. "새롭게 되고 자유를 얻은 피조물은 하늘의 이슬과 땅의 비옥함으로부터 나오는 모든 종류의 풍성한 음식으로 비옥해질 것이다."[59] 그는 새롭게 된 자연의 풍요로움을 놀라운 결실의 이미지로 묘사한다.

> 포도나무가 자라서 각각 만 개의 가지가 생기고, 각 가지마다 만 개의 잔가지가 있고, 그 잔가지마다 만 개의 싹이 있고, 그 싹마다 만 개의 송이가 열리고, 그 송이마다 만 개의 포도가 있어서, 그 각각의 포도를 짤 때마다 520메트레트의 포도주가 나올 날이 오리라. … 밀 한 알에서 만 이삭이 나고, 한 이삭마다 만 알이 있고, 한 알마다 맑고 깨끗하고 고운 가루가 10파운드씩 나올 것이며, 다른 모든 열매 맺는 나무와 씨앗과 풀도 비슷한 비율로 생산될 것이라고 [주님께서 말씀하셨다.][60]

---

[58] Ibid.
[59] *AH* 5.32.3.
[60] Ibid.

이 새로워진 땅에는 동물들 사이에 평화가 있을 것이다. "땅의 생산물[만]을 먹고 사는 모든 동물은 [그 시대에] 서로 평화롭고 조화롭게 되어 인간에게 완전하게 복종하게 된다." 이레네우스에게 이 해석은 전통에 근거한 것으로, "요한에게 들은 자이자 폴리카르포스의 동료였던 파피아스가 문서로 증언한 것"이다. 동물들 사이의 평화는 늑대가 새끼 양과 함께 살고, 사자가 소처럼 여물을 먹으며, 하느님의 거룩한 산 어디에도 해를 끼치지 않을 것이라는 이사야 11,6-9의 약속을 완성하는 것이다. 이레네우스는 어떤 사람들은 이 약속이 여러 나라들의 폭력적인 인간들이 평화를 이루게 될 것임을 의미한다고 본다는 것을 잘 알고 있다. 그럼에도 불구하고 그는 "하느님은 모든 피조물 안에 충만하신 분"[61]이기 때문에 의인들이 부활할 때 이 말씀은 동물들에게도 적용될 것이라고 주장한다.

이레네우스는 성경의 약속을 우화적이거나 영지적으로 해석하는 것을 거부하였다. 그는 의심할 여지없이 이러한 약속이 성자의 나라에 거할 의로운 자들의 부활에 적용된다고 말한다. 천상 예루살렘이 땅으로 내려오고, 새 하늘과 새 땅이 있을 것이다. 이레네우스는 새 하늘과 새 땅 이사 65,17; 묵시 21,1이 현존하는 땅의 소멸을 수반하는 것은 아니라고 주

---

[61] *AH* 5.33.4.

장한다. 그는 코린토 전서의 본문을 중요한 근거로 제시한다. "이 세상의 형체가 사라지고 있기 때문입니다."1코린 7,31 이것은 "피조물의 실체나 본질은 소멸되지 않는다."는 뜻으로, 창조하신 하느님은 신실하시고 참되시기 때문이라고 말한다. 사라질 것은 세상의 '풍조' 또는 현재의 형태일 뿐이다.

의인이 부활할 때에는 실제 인간이 존재할 것이므로, 그들이 거주하는 실제 시설, 곧 세계도 존재하여야만 한다. 그래서 그들은 "존재하지 않는 것들 사이에서 사라지는 것이 아니라, 실제 존재하는 것들 사이에서 진행"[62]해 나아간다. 이 세상의 풍조가 사라질 때, 인간이 새로워지고 타락하지 않고 번성할 때, 그때에 "새 하늘과 새 땅이 있을 것이며, 거기서 새 인간은 항상 하느님과 새로운 대화를 나누며 [지속적으로] 머물러 있을 것"이다.[63]

이레네우스는 의인 중 일부는 새 하늘에, 다른 일부는 낙원의 동산에, 다른 일부는 거룩한 성에 들어가지만, 모두 하느님을 보고 하느님을 알고 사랑할 수 있는 능력이 성장할 것이라고 보았다. 그들은 성령을 통해 성자에게로, 성자를 통해 성부께로 올라갈 것이며, 성자는 나라를 성부께 넘

---

[62] Ibid.
[63] Ibid.

겨줄 것이다.[64] 이레네우스는 의인의 부활, 지상 왕국의 상속, 주님께서 제자들과 왕국에서 새 잔을 나누시는 것, 피조물이 타락의 속박에서 해방되어 하느님 자녀의 자유를 공유하게 될 것이라는 성경의 약속을 상기시키며 《이단 논박》을 마무리한다. 그는 천사들도 알지 못하는 하느님의 신비에 대한 경이로움, 하느님이 손수 만드신 인간이 완성을 가져오는 놀라운 방식을 찬양한다. 모든 피조물을 '담고' 계신 말씀이 피조물, 곧 만들어진 형상으로 내려온다. 그리고 말씀이 살이 되어, "피조물은 말씀을 담고, 천사들을 뛰어넘어, 그에게로 올라가 하느님의 형상과 모양을 닮은 존재가 되어야 한다."고 말한다.[65]

하느님의 초월적 위대함과 지상에 내려오신 하느님의 사랑

이레네우스는 반대자들의 견해보다 훨씬 더 급진적인 하느님의 초월성에 관한 신념을 가지고 있다. 그는 초월의 위계는 없으며 피조물의 세계와 온전히 초월적인 한 분, 하느님만이 있을 뿐이라 주장한다. 그를 반대하는 영지주의

---

[64] AH 5.36.2.
[65] AH 5.34.3.

자들은 신과 피조물을 거대한 존재의 사슬로 이루어진 하나의 연속체로 보는 반면, 이레네우스는 신과 피조물 사이에 연속성이란 절대로 있을 수 없다고 보았다. "오히려 신은 유일한 실재이며, 실제로 존재하는 유일한 존재이다. 그리고 신의 맞은편에, 신에 의해 무에서 존재로 불리고 신에 의해 무 위에 자리 잡고 있는 존재로, 하느님이 창조하신 만물이 있다."[66] 선하신 하느님은 무에서 만물을 창조하신다. 하느님은 단순히 존재 자체이시지만, 피조물의 모든 세계는 하느님의 작용을 통해 존재하며 오직 하느님으로부터만 존재한다.[67]

신의 초월성 때문에 신은 피조물에게 친밀하게 현존하여 그에게 즉시 존재를 부여할 수 있다. 이레네우스가 말했듯이 모든 피조물은 신의 손 안에 있다.[68] 그는 종종 신은 모든 것을 포함하지만 그 어떤 것에 의해서도 포함되지 않는다는 《헤르마스의 목자》*The Shepherd of Hermas*의 공리를 통해 하느님의 근본적 초월성을 나타낸다. 예를 들어 이레네우스는 다음과 같이 적었다. "그러므로 참으로 성경은 '무엇보다 오직 한 분 하느님만 계시다는 것을 믿어라.

---

[66] Minns, *Irenaeus: An Introduction*, 42.
[67] Ibid., 43.
[68] *AH* 4.19.2; 20.1.

그분은 만물을 세우시고 그들을 완성하신다. 그리고 존재가 없던 곳으로부터 만물을 존재하게 하셨다.'고 밝히고 있다. 그분은 만물을 포함하시되 그 자신은 아무에게도 포함되지 않는다."[69] 이레네우스가 여기서 언급한 것은 《헤르마스의 목자》에 나온다. 이레네우스는 하느님은 한계가 없으시며 어떤 것에도 포함되지 않으면서 존재하는 모든 것을 포함한다고 일관되게 진술한다. 이 포함되지도 않고 이해할 수 없는 신은 모든 것을 넘어서는 진실로 무한한 충만함이다. 그런 하느님과 피조물 사이에 어떻게 접촉이 있을 수 있을까? 우리 인간 피조물이 어떻게 그런 근본적인 초월의 하느님을 알 수 있을까?

마이클 슬러서Michael Slusser는 이레네우스가 이 문제를 해결하는 방식을 짚었다. 하느님의 초월성이 구성하는 명백하게 극복할 수 없는 형이상학적 장애물은 순전히 하느님의 사랑의 주도에 의해 극복된다.[70] 형이상학적 장애물을 해결하는 것은 하느님의 사랑으로, 《이단 논박》의 옛 라틴어 번역본에서는 보통 dilectio사랑, 애정, 보살핌로 표현된다. 이레네우스는 초월적인 하느님과 피조물 세계 사이의

---

[69] *AH* 4.20.2. 여기서 이레네우스가 언급하는 성경 구절은 《헤르마스의 목자》에 나오는 구절이다.

[70] Michael Slusser, "The Heart of Irenaeus's Theology", in *Irenaeus: Life, Scripture, Legacy*, ed. Sara Parvis and Paul Foster (Minneapolis: Fortress, 2012), 133-39.

명백한 거리에 대해 하느님의 위대함magnitudo과 하느님의 사랑dilectio을 체계적으로 결합함으로써 대응한다. 슬러서는 하느님과 피조물 사이의 관계에 대한 이러한 체계적인 이해가 이레네우스가 그리스도교 신학에 새긴 가장 창의적인 공헌이라고 말한다.[71]

이레네우스는 영지주의 위계의 혼란스러운 아이온αἰών, Aeon들과 달리 창조주 하느님, 만물의 아버지 하느님을 인간의 고통과 갈등을 훌쩍 뛰어넘는 존재로 보았다. 그는 우리가 '하느님의 지성'이나 '하느님의 빛'과 같은 용어를 사용할 때, 그 용어들이 인간의 제한된 이해를 훨씬 넘어서는 것을 가리키는 것으로 이해해야 한다는 점을 지적한다. 그런 다음 우리가 이러한 하느님에 관한 용어를 올바르게 사용할 수 있는 조건을 설명한다. "그분은 '사랑에 따라'[secundum dilectionem], '위대함에 따라'[secundum magnitudinem]와 같은 용어로 일컬어지지만, 그분은 그보다 훨씬 위에 계신 것으로 이해된다."[72] 인간의 언어를 초월하는 하느님은 말씀이 살이 되신 예수 그리스도를 통하여 자신을 사랑으로 드러내신다. 이레네우스의 반대자들은 하느님을 창조 세계로부터 완전히 분리함으로써 하느

---

[71] Ibid., 133.
[72] *AH* 2.13.4.

님의 초월성을 옹호하려고 하였다. 그러한 하느님은 피조물을 창조하거나 구원하거나 피조물과 소통하지 않는다. 반면, 이레네우스는 창조주가 "위대함이란 측면에서는 알 수 없는 분이지만, 피조물이 그것을 알 수 있는 방법을 찾도록 피조물을 사랑하시는"[73] 참되고 유일한 하느님이라고 주장한다. 하느님이 찾은 방법은 물론 육화이다.

슬러서를 따라, 나는 《이단 논박》 4권 20장의 탁월한 세 가지 인용문에서 짝을 이루는 위대함/사랑magnitudo/dilectio을 유지하는 이레네우스의 방식에 더 주목하고자 한다. 이레네우스는 이 장의 시작 부분에서 언급한 '하느님은 어떤 것에도 포함되지 않으면서 모든 것을 포함한다'는 공리와 짝을 이루어 위대함/사랑을 결합한다.

> 그러므로, 하느님의 '위대함에 따라'[secundum magnitudinem] 하느님을 알 수 없다. 왜냐하면 성부를 측량하는 것은 불가능하기 때문이다. 그러나 그분의 '사랑에 따라'[secundum dilectionem], 이것이 그분의 말씀을 통해 우리를 인도하시는 것이기 때문에, 그에게 순종하는 사람들은 항상 하느님이 그렇게 크다[tantus]는 것을 배운다. 그리고 이 '만물'인 우리와 이 세상을

---

[73] Slusser, "The Heart of Irenaeus's Theology", 137.

포함하여 모든 것을 세우고 선택하고 꾸미고 포함하는 분이 바로 그분이라는 것을 알게 된다. 그러므로 우리는 그분이 포함하고 있는 것들과 함께 창조되었다.[74]

  하느님의 크심만 생각한다면 하느님에 대한 인식은 불가능할 것이다. 그러나 말씀이 살이 되셨다는 표현에서 발견할 수 있는 하느님의 사랑은 완전히 다른 결과를 가져온다. 그리고 그리스도를 통하여 갖게 된 우리 지식의 일부는 말씀이 우리 자신을 포함하여 나머지 자연 세계의 만물을 창조하신 것에 관한 것이다. 다음 본문에 나오는 하느님의 창조 행위는 하느님의 말씀과 지혜(성령)를 통해 이루어진다.

  그러므로, 말씀과 지혜로 만물을 지으시고 완성하신 한 분 하느님이 계신다. 그러나 그는 또한 이 세상을 인류에게 맡기신 창조주[Demiurgus]이시며, '위대함에 따라'[secundum magnitudinem] 그의 모든 피조물에는 진정으로 알려지지 않았지만(고대인이나 오늘날 살아 있는 사람들 중 아무도 그의 키를 알아낸 사람이 없기 때문에), '사랑에 따라'[secundum dilectionem] 항상

---

[74] *AH* 4.20.1. 이 본문은 "The Heart of Christian Theology"에 나오는 슬러서의 번역을 따랐다.

그를 통해 만물을 세우신 분을 통해 알려지고 있다. 그는 끝과 시작, 인간과 하느님을 연결하기 위하여 마지막 때에 인간들 사이에서 인간이 되신 말씀, 곧 우리 주 예수 그리스도이시다.[75]

살이 된 말씀을 통하여, 하느님과 인간 사이의 친교가 이루어지고, 하느님은 인간과 대화하고, 하느님은 피조물에게 현존하며, 피조물은 하느님을 인식할 수 있다. 이레네우스는 단순히 자연계를 관찰함으로써 하느님을 아는 것을 말하는 것이 아니며, 이는 하느님의 진정한 성품에 대한 앎으로 이어지지 않더라도 하느님이 존재한다는 결론으로 이어질 수 있다는 것을 분명히 한다.[76] 이레네우스가 말하는 지식은 그를 통해 만물이 창조된 하느님의 말씀, 말씀이 살이 되신 하느님의 말씀으로 주어진 사랑의 지식이다. 이레네우스에게 있어 중요한 것은 이 말씀은 고대 성경의 약속들에 나타난 바로 그 말씀이고, 선지자들로 하여금 그리스도를 통하여 드러나게 된 말씀의 구원 경륜에 대해 말할 수 있도록 해 준 말씀이라는 점이다.

---

[75] *AH* 4.20.4.
[76] Slusser, "The Heart of Irenaeus's Theology", 137-38.

선지자들은 주님께서 "행복하여라, 마음이 깨끗한 사람들! 그들은 하느님을 볼 것이다."마태 5,8라고 말씀하신 것처럼 하느님께서 인간에게 보이실 것이라고 예언했다. 그러나 그분의 '위대함에 따라'[secundum magnitudinem] 그리고 표현할 수 없는 영광을 생각하면, "아무도 하느님을 보고 살 수 없을 것"이다. 아버지는 담을 수 없는 분이기 때문이다. 그러나 '사랑'[secundum dilectionem]과 인성에 따라 그리고 그분은 모든 것을 하실 수 있기 때문에, 그분을 사랑하는 사람들에게는 이것까지, 곧 "인간에게는 불가능한 일이 하느님에게는 가능"하기 때문에 선지자들이 예언한 하느님을 보는 것까지도 허락하신다. 인간은 스스로 하느님을 볼 수 없다. 그러나 그분은 자발적으로 자신이 원하는 사람에게, 원할 때에, 원하는 방식으로 인간에게 드러내실 것이다.[77]

이레네우스가 말하는 사랑은 단순히 우리를 향한 하느님의 사랑뿐만 아니라 하느님을 향한 우리의 사랑이기도 하다. 이것이 바로 창조주와 모든 피조물 사이의 형이상학적 심연을 이어 주는 참된 지식이자 참된 구원 인식gnōsis이다. 탈출기에서는 하느님을 본 사람은 아무도 살 수 없다

---

[77] *AH* 4, 20, 5.

고 했지만 탈출 33,20, 이레네우스는 그리스도 안에서 우리는 하느님을 볼 수 있으며, 그리스도 안에서 하느님을 볼 때 우리는 진정으로 살 수 있다고 선포한다. 그리스도 안에서 하느님을 보는 사람은 "하느님 안에" 있고 "생명을 얻는다."[78] 이레네우스는 또한 이렇게 말한다. "하느님의 영광은 살아 있는 인간이며, 인간의 생명은 하느님을 봄으로써 존재한다."[79] 그는 계속해서 "피조물을 통해 이루어진 하느님의 현현이 지상에 사는 모든 살아 있는 존재에게 생명을 준다면, 말씀을 통해 오는 성부의 계시는 하느님을 보는 사람들에게 훨씬 더 많은 생명을 준다."[80]고 설명한다.

이레네우스는 하느님의 초월성에 대한 영지주의적 견해에 이의를 제기하지 않는다. 그러나 그는 이러한 초월성이 창조주이시며 말씀과 성령을 통해 창조하시는 한 분이신 하느님에게 적용된다고 주장한다. 또한 그는 자신의 교회 사람들이 그리스도를 통한 하느님의 사랑을 알기 때문에 초월적인 하느님을 안다고 주장한다. 슬러서는 "창조주 하느님에 대한 지식은 평범한 피조물에게도 가능한데, 이는 창조주가 영적 존재보다 미약한 존재이기 때문이 아니라, 헤아릴 수 없이 위대한 하느님이 창조 세계의 만물을

---
[78] Ibid.
[79] *AH* 4.20.7.
[80] Ibid.

사랑하시므로 하느님 사랑의 정도에 따라 살이 된 말씀과 지혜의 영을 통해 우리 인간에게도 그 지식을 주시기 때문이다."라고 말한다.[81]

이레네우스와 깊은 육화: 중요한 차이, 공명, 통찰

이레네우스의 신학과 깊은 육화의 지지자들 사이에는 분명한 차이점이 있으며, 이레네우스의 통찰이 깊은 육화의 발전을 위한 신학적 토대를 제공할 수 있도록 공명하는 부분도 크다.

중요한 차이
- 이레네우스의 신학은 21세기 생태위기와 현대 진화 과학이 제기한 문제가 아니라 마르시온과 발렌티누스의 신학처럼 당대에 직면한 문제들을 다루고 있다. 따라서 그의 신학이 현대의 문제에 직접적으로 응답할 수 있을 것이라고 기대할 수는 없다.
- 창세기의 역사성에 대한 이레네우스의 가정과 묵시록적 천년왕국 기대에 대한 문자적 이해는 현대 신학과는 잘 맞지 않는다.

---

[81] Slusser, "The Heart of Irenaeus's Theology", 139.

- 이레네우스는 육화하신 말씀의 십자가와 부활을 통한 죽음과 변화에 초점을 맞추었지만, 자연계에 내재된 고통의 문제에는 초점을 맞추지 않았다. 또한 피조물에 대한 하느님의 사랑과 십자가에서 나타난 피조물에 대한 그리스도의 사랑에 대하여 강력한 신학을 갖고 있고 십자가가 피조물 전체에 의미가 있다고 믿었지만, 고통받는 피조물과 함께하는 하느님의 고난에 대해서는 다루지 않았다.

공명과 기초적 통찰

- 이레네우스는 하느님의 창조 행위가 항상 육화를 지향한다는 근본적인 육화신학을 가지고 있다. 창조, 육화, 최종 완성은 하느님의 의도와 하나의 경륜 안에서 통합되어 있다. 이레네우스에게 육화는 '차선책'이 아니라 육화로부터 시작하여 십자가의 그리스도와 온 피조물 전체를 아우르는 비전이다.
- 만물이 그리스도 안에서 총괄갱신된다는 그의 신학은 인류뿐만 아니라 피조물 전체를 분명히 포함하며, 현대의 깊은육화신학에 강력한 교부학적 토대를 제공할 수 있다.
- 그는 창조와 구원 모두에서 인간에게 강력히 초점을 맞추고 있지만, 일관되게 인간을 더 넓은 피조물의 맥락에

서 바라보며, 인간은 자신이 살고 있는 세계에 진정으로 뿌리내린 맥락에서만 존재할 수 있다고 생각한다.
- 그는 동물과 식물 그리고 땅 자체를 분명하게 포함하는 종말론을 가지고 있다. 그리스도의 부활은 '만물', 즉 눈에 보이는 물질적, 생물학적, 인간적 세계 전체의 완성과 변화를 포함한다. 엄밀하게 해석한다면 그의 신학은 현대의 깊은부활신학을 뒷받침한다. 한스 우르스 폰 발타살은 이레네우스에 대해 이렇게 말하였다. "이레네우스는 그의 종말론에서 후대의 플라톤주의화된 그리스도교 종말론과 실제로 평균적인 그리스도교인의 의식을 특징짓는 세상으로부터의 도피 및 육체의 부활을 진지하게 받아들이지 않는 것에 대하여 중요한 균형추를 제시한다."[82]
- 이레네우스는 포섭할 수 없고 이해할 수 없는 신의 초월성에 대한 높은 관점을 가지고 있을 뿐만 아니라 하느님의 초월성magnitudo과 하느님의 사랑dilectio을 체계적으로 통합하고 있다. 이는 하느님의 연민 가득한 사랑dilectio의 깊이에서 피조물의 고통 속으로 들어가 그들과 함께 고통받는 완전한 초월자magnitudo 하느님이라는 현

---

[82] Hans Urs von Balthasar, *The Glory of the Lord: A Theological Aesthetics, II, Studies in Theological Style*: Clerical Styles (Edinburgh: T&T Clark, 1984), 93.

대 신학을 향해 한 걸음 나아간 것으로 볼 수 있다.
- 이레네우스는 피조물의 그리고 물질과 육체의 선함을 주장한다. 그는 당대의 모든 비육신적 신학에 강력히 저항하며 육화, 십자가, 부활 생명에의 참여에 있어서 지상성과 육체적 실재를 옹호하였다.
- 창조주가 두 손을 통해 각 피조물에게 즉각적으로 현존하시며, 개별 피조물과 피조물 전체를 모양을 만들고 이끌어 가신다는 그의 신학은 깊은 육화와 분명하게 일치한다.
- 이레네우스는 십자가가 실재 전체에 의해 그리고 실재의 깊숙한 곳에 각인된 것으로 본다. 그는 예수의 십자가가 모든 피조물의 실재를 이루는 높이와 깊이, 길이와 넓이에서 보이지 않게 활동하시는 하느님 말씀의 십자가적 활동을 가시화한다고 말한다. 이 개념은 고통받는 모든 피조물에 대한 하느님의 구속적 임재의 상징 또는 성사로서 십자가신학의 방향으로 발전할 수 있다.

앞서 말한 대로 다음 장에서는 그레게르센의 신학을 아타나시우스 사상과 비교해 논하면서, 위와 같은 비판적 차이, 공명, 기초적 통찰에 대한 논의로 결론을 맺을 것이다.

3

아타나시우스와 육화의 깊이

　2세기의 이레네우스가 그 후 등장하는 육화신학의 토대를 마련한 사람이라면, 4세기의 아타나시우스는 많은 사람이 전통적인 표현으로 생각하는 육화신학의 이론을 제공한 사람이다. 아타나시우스는 이레네우스와 마찬가지로 깊은 육화에 관한 현대적 해석 시도에서의 중요한 대화 파트너가 될 수 있다.

　알렉산드리아에서 태어난 그는 이 위대한 도시에서 부제, 사제, 주교를 역임했다. 알렉산드리아의 대표적인 사제였던 아리우스는 하느님 '말씀'의 영원성에 의문을 제기하여 열띤 논쟁을 불러일으켰다. 325년, 젊은 부제였던 아타나시우스는 주교인 알렉산더와 함께 니케아 공의회에 참석하여 아리우스의 견해를 거부하고 말씀의 완전하고 영원한 신성을 확증했다. 328년, 아타나시우스는 서른 살이 되던 해에 알렉산드리아의 주교가 되었고, 남은 생애 동안 육신이 되신 말씀의 완전한 신성을 강력하게 옹호했다.

아타나시우스의《육화에 대하여》

《육화에 대하여》*On the Incarnation*는 그리스도교 역사상 육화에 대해 구체적으로 다룬 최초의 문서이다. 이 책은 아타나시우스의 초기 이중 구조 저작인《이교도 반박》*Against the Greeks*-《육화에 대하여》중 두 번째 부분에 해당한다.

《이교도 반박》의 서문에서 아타나시우스는 그리스도의 십자가를 조롱하는 이교도들에 대해 이렇게 말한다. "그들은 십자가를 비방하면서, 십자가의 권능이 온 세상을 가득 채우고 십자가를 통해 하느님을 알게 되는 효과가 모든 사람에게 드러났음을 보지 못한다." 아타나시우스는 십자가에 달리신 분에 대한 경배를 거부하고 조롱하는 사람들에 대해 "그들이 진정으로 그분의 신성에 대하여 마음으로 의식하였더라면 그토록 위대한 일을 조롱하지 않았을 것이며, 그분이 우주의 구세주이시라는 것과 십자가는 파멸이 아니라 피조물의 구원이라는 것을 인식했을 것"[1]이라고 말

---

[1] Athanasius, *Against the Greeks*, 1, ed. and trans. Robert Thomson

한다. 깊은 육화의 신학과 관련하여 이 말씀에는 두 가지 중요한 점이 있다. 첫째, 최근의 주석가들이 지적했듯이 아타나시우스의 두 권의 책은 무엇보다도 '십자가에 대한 변증'[2]이다. 둘째, 아타나시우스는 처음부터 십자가가 오로지 인간만을 위한 것이 아니라 온 우주를 위한 구원임을 명시하고 있다. 즉, 그리스도는 '우주의 구세주'이며 십자가는 '피조물의 구원'을 위한 것이다.

창조와 구원의 상호 관계는 아타나시우스 신학의 핵심이다. 창조의 말씀은 우리 구속의 말씀이다. 온전하신 하느님의 '말씀'은 육화를 통해 우리의 육체적 실재를 자신의 것으로 취하시고, 그의 죽음과 부활을 통해 피조물의 실재를 변화시키고 신화한다. 칼레드 아나톨리오스는 하느님과 피조물 사이의 관계를 아타나시우스 그리스도론의 '구조적 핵심'이라고 설명한다.[3] 하느님과 피조물의 세계를 근본적으로 통합하는 것이 그리스도론이다.[4]

---

in *Athanasius: Contra Gentes and De Incarnatione* (Oxford: Clarendon Press, 1971), 3-5. 이하에서 저자는 톰슨의 번역을 인용하였지만, 일반적인 'man'을 'human' 또는 'human being'으로 바꾸어 약간 수정하였다.

[2] Khaled Anatolios, *Athanasius: The Coherence of His Thought* (London: Routledge, 1998), 28; John Behr, *The Nicene Faith: Part 1:True God of True God*, The Formation of Christian Theology, vol. 2 (Crestwood, NY: St. Vladimir's Seminary Press, 2004), 171.

[3] Khaled Anatolios, *Athanasius* (London: Routledge, 2004), 39.

[4] Ibid., 40.

아타나시우스는 십자가에서 악의 근원을 돌아본다. 그는 인간을 하느님과의 친교를 위해 창조된 존재로 본다. 악은 하느님의 뜻이 아니며, 태초부터 존재한 것이 아니라 인간의 죄를 통해 생겨난 것이다. 인간은 창조 세계에 계시된 말씀 안에서 하느님을 관상하도록 창조되었지만, 우상숭배에 빠져 피조물을 신으로 만들었다. 아타나시우스는 이러한 왜곡된 우상숭배의 역사를 설명하기 위해 많은 노력을 기울였다. 그는 모든 우상숭배적 견해에 반대하며, 하느님 자신의 '말씀'과 '지혜'를 통해 만물을 창조하시는 유일하신 하느님에 대한 그리스도교적 견해를 제시한다. 아타나시우스는 하느님의 말씀과 하느님의 지혜뿐만 아니라 하느님 모상, 하느님 광채, 하느님의 손(이레네우스에 이어), 하느님의 아들 등 성경에 근거한 많은 칭호를 사용하여 육신이 되신 영원한 분에 대해 이야기한다.

그는 이 '지혜/말씀'은 피조물이 아니라 "창조된 것들 그리고 모든 피조물과는 다른 우주의 선하신 하느님의 바로 그 말씀"이라고 주장했다.[5] 아타나시우스는 피조물의 모든 측면이 창조되지 않은 하느님의 지혜/말씀의 흔적을 지니고 있다고 본다. 하느님의 지혜에 의해 지속적으로 창조되지 않았다면 아무것도 존재하지 않을 것이다.

---

[5] Athanasius, *Against the Greeks*, 40.

하느님의 능력과 하느님의 지혜이신 그분은 하늘을 돌리시고 땅을 멈추게 하셨으며, 자신의 뜻으로 땅을 어떤 것 위에도 놓지 않으셨다. 그에 의해 비춰진 태양은 세상에 빛을 비추고 달은 그 빛에 따라 빛을 받는다. 그를 통해 물이 구름에 머무르고, 비는 땅을 적시고, 바다가 갇히고, 땅이 온갖 식물로 뒤덮인다.[6]

아타나시우스는 이레네우스와 동일하게 무로부터의 창조를 옹호한다. 피조물의 우주는 원래 무에서 창조되었을 뿐만 아니라 항상 무 위에 놓여 있다. 그것은 영원한 말씀을 통해 무의 심연을 넘어 존재한다. "피조물의 본성은 무에서 생겨난 것이기 때문에 그 자체로 볼 때 불안정하고 연약하며 필멸의 존재이다."[7] 그러나 만물의 하느님은 본성상 선하시며 친절하시다. 따라서 이 선하고 친절한 하느님은 말씀을 통해 피조물의 세계가 지속적으로 존재할 수 있도록 하신다. 피조물은 하느님의 말씀에 참여함으로써 존재한다.

그분은 자신의 영원한 말씀으로 모든 것을 만드시고 창조 세계를 존재하게 하신 후, 피조물이 무로 돌아갈 위

---

[6] Ibid.
[7] Ibid., 41.

험을 피하기 위해 자신의 본성에 끌려가 고통을 겪도록 버려두지 않으셨다. 그러나 선하신 그분은 하느님 자신이신 말씀을 통해 온 세상을 다스리고 확립하시며, 말씀의 인도, 섭리, 질서의 빛을 받아 피조물이 굳건히 유지될 수 있도록 하신다. 피조물은 참으로 아버지로부터 온 말씀에 참여하고, 그분의 도움을 받아 존재하기 때문에, 말씀에 의해 보호되지 않으면 일어날 수 있는 일, 즉 존재하지 않는 상태로의 후퇴를 겪지 않도록 하신다.[8]

피조물의 측면에서 창조는 지속적인 참여의 관계이며, 피조물은 하느님의 말씀에 참여하기 때문에 안전하게 존재한다. 위의 본문에서 아타나시우스는 하느님의 말씀이 피조물을 '존재하게 하고', '다스리고', '확립하고', '인도하고', '섭리하고', '질서화'한다고 말한다. 그는 계속해서 말씀이 '만물 안에 현존'하며 "모든 것, 모든 곳, 각 개별자 그리고 모두에게 생명과 보호를 준다."고 말한다.[9] 피조물의 존재를 가능하게 하는 것은 말씀의 현존이다. 그리고 자연계의 다양한 생물과 자연의 모든 요소를 균형과 조화로 이끄는 것은 바로 이 말씀의 존재이다. 아타나시우스는 음악

---

[8] Ibid. 이 문장에서 아타나시우스의 metalambanousa의 영어 번역을 shares에서 participates로 대체하여 톰슨의 번역을 수정하였다.
[9] Ibid.

적 이미지를 빌어 "우주를 거문고같이 붙들고 있는 하느님의 지혜"가 피조물의 다양성을 한데 모아 "아름다움과 조화 속에서 하나의 세계를 그리고 그 안에서 하나의 질서를 만들어 낸다."[10]고 말한다.

아타나시우스는 《육화에 대하여》에서 독자들에게 먼저 우주의 창조에 대해 이야기하고 나서 구속에 대한 논의를 시작해야 한다고 말한다. 그는 이렇게 함으로써 창조의 갱신이 "태초부터 세상을 창조하신 말씀에 의해 이루어졌다."[11]는 것의 타당함이 분명해질 것이라고 말한다. 다시한번 그는 무로부터의 창조를 주장한다. 그는 서로 경쟁하는 다양한 창조철학에 맞서 신은 이미 존재하는 물질에 의존하지 않고 오히려 모든 피조물이 생겨나는 물질을 창조한다고 주장한다. 아타나시우스는 "모든 것이 그분을 통하여 생겨났고 그분 없이 생겨난 것은 하나도 없다."요한 1,3는 말씀에 근거하여, 여러 곳에서 "모든 것을 포함하는"all-inclusive이라는 구절을 사용함으로써 창조주, 즉 '그리스도의 아버지'가 영원한 '말씀'을 통해 만물을 창조하셨다는 자신의 견해를 뒷받침한다.[12] 아타나시우스는 이후 저술에서도 성령의 신성을 강력하게 옹호하며 성령이 창조와 구

---

[10] Ibid., 42.
[11] Athanasius, *On the Incarnation*, 1.
[12] Ibid., 2.

원 육화 모두에서 말씀과 어떻게 관련되어 있는지를 지적한다. "성부께서는 아들을 통해 그리고 성령 안에서 만물을 창조하시고 새롭게 하신다."[13]

아타나시우스에 따르면 육화에는 두 가지 이유가 있다. 첫째, 《육화에 대하여》의 3-10장에서 그는 육화를 죽음을 극복하고 부활의 생명을 가져오는 것으로 설명한다. 그런 다음 11-19장에서는 육화를 인류 안에서 하느님의 형상을 새롭게 함으로써 하느님을 알 수 있게 하는 것으로 설명한다. 첫 번째 분석은 독자를 다시 하느님의 창조 행위로 안내하며, 여기서 하느님은 "자신의 말씀인 우리 주 예수 그리스도를 통해 무로부터 모든 것을 만드셨다."고 말한다. 그런 다음 아타나시우스는 인간의 창조로 초점을 좁힌다.

> 그리고 이 땅의 모든 피조물 중에서 인간을 특별히 불쌍히 여기셔서, 그 자신의 존재가 의미하는 바로는 영원히 존재할 수 없음을 보시고 인간에게 은총을 더하여 주셨다. 곧, 단순히 지상의 모든 비이성적 동물과 마찬가지로 인간을 창조하신 것이 아니라, 자신의 형상대로 창조하시고 자신의 말씀의 능력도 나누어 주셨다. 그리하여 인간이 말씀의 그림자이면서도 이성적인 존재로

---
[13] Athanasius, *Letters to Serapion*, 1:24, in Anatolios, *Athanasius*, 223-24.

남아서 행복 속에 머물며 천국에서 참된 삶을 살 수 있도록 하셨는데, 그것이 바로 실제 성인들의 삶이다.[14]

다른 모든 피조물과 마찬가지로 인간도 죽을 운명이었지만, 하느님은 그들에게 특별한 은총을 베푸셔서 하느님의 형상대로 만드시고, 말씀으로 능력을 주셨으며, 죽음에서 해방시켜 주셨다. 그들은 신성한 삶을 살 수 있는 '말씀의 은총'을 받았지만, 하느님의 명령에 충실해야 했다.[15] 그러나 그들은 하느님을 외면하고 하느님의 법을 거부함으로써 죽음과 부패에 맞닥뜨린 자연적이고 필멸적인 상태로 전락했다. 아타나시우스는 "그들은 죄를 짓는 데 만족할 줄 몰랐다.", "온 땅이 살인과 폭력으로 가득 찼다.", "도시와 도시가 전쟁을 벌이고 민족과 민족이 대적하여 일어났다." 등은 죄가 도처에서 어떻게 증가했는지를 묘사한다.[16]

이러한 맥락에서 아타나시우스는 죄에 대한 하느님의 반응에 대해 성찰하였다. 한편으로, 죄가 죽음을 초래하였다고 말하면서 만약 이런 일이 일어나지 않는다면 하느님은 진실한 분이 아니실 것이라고 보았다. 다른 한편으로, 하느님에 의해 창조되고 말씀에 참여한 인간이 부패하도

---

[14] Athanasius, *On the Incarnation*, 3.
[15] Ibid., 5.
[16] Ibid.

록 방치되어서 무가 되어 버린다면 하느님의 선하심에 합당하지 않을 것이다. 아타나시우스는 이렇게 묻는다. "선하신 하느님께서는 어떻게 하셨어야 합니까?" 이 딜레마에 대한 하느님의 대답은 무에서 우주를 창조하신 '말씀'이 새로운 창조를 가져올 분이라는 것이다.[17] 우주를 가득 채우신 말씀은 우리의 피조물적 실재를 품어 안는다. 창조주이신 말씀은 우리의 구원을 위한 도구로 동정녀 마리아에게서 우리와 같은 몸을 취하시고 자신의 생명을 희생양으로 바친다. 그분으로 인해 우리는 육신이 되신 말씀의 부활에 참여하여 근본적으로 새로운 삶을 살게 되었다. 아타나시우스는 이것이 "구세주가 육화하신 주된 이유"라고 말한다.[18]

육화의 두 번째 이유는 인간이 하느님을 알 수 있도록 하는 것이다. 말씀이 육화하지 않았다면 인간은 자신을 창조하신 하느님이나 자신을 지으신 말씀에 대하여 진정한 지식이나 이해를 갖지 못했을 것이다. 원래 하느님께서는 "그(하느님의 '말씀')를 통해 아버지에 대한 개념을 얻고, 창조주를 인식하여 행복하고 참으로 복된 삶을 살 수 있도록"[19] 그들을 하느님의 형상과 모양으로 만드셨다. 그러나 그들은 하느님으로부터 돌아섬으로써 하느님에 대한 올바른

---

[17] Ibid., 7.
[18] Ibid., 10.
[19] Ibid., 11.

지식을 잃어버리고 스스로 우상을 만들었다.

아타나시우스는 그럼에도 불구하고 하느님은 자신의 정체를 숨기지 않으시고 피조물 자체를 통한 다양한 자기계시의 방법을 인간에게 제공하셨다고 주장한다. "그들은 눈을 들어 광활한 하늘을 바라볼 수 있었고, 피조물의 조화로움을 분별하여 그 통치자인 아버지의 말씀을 알 수 있었다." 또한 하느님께서 주신 율법과 이스라엘의 선지자들을 통해 "우주의 창조주이시며 그리스도의 아버지이신 하느님"[20]에 대해 배울 수 있었다. 그러나 이 모든 것에도 불구하고 인간은 하느님에 대한 인식을 거부하고 비이성적인 길을 선택했다.

아타나시우스는 다시 묻는다. 하느님은 무엇을 하셨을까? 하느님께서는 하느님의 자비로, 하느님의 형상대로 지어진 인간을 새롭게 하셔서 인간이 다시 한번 하느님을 알 수 있도록 하셨다. 이는 하느님의 형상, 우리 구세주 예수 그리스도의 몸이 오심으로써 이루어질 것이었다. "그분의 섭리와 우주의 통치를 통해 그분을 알려고 하지 않는 사람들이, 몸을 통해 행하신 일로써 육신 안에 계신 하느님의 말씀을 알 수 있도록 그리고 그를 통해 아버지 하느님을 알도록"[21] 하기 위해서 말씀이 육신으로 계시된 것이다. 인간이

---

[20] Ibid., 12.
[21] Ibid., 14.

감각에 이끌려 눈에 보이고 만질 수 있는 것을 숭배했기 때문에, 말씀은 감각으로 오셔서 몸의 행동을 통해, 즉 육화하신 말씀의 행적과 가르침 그리고 궁극적으로 그의 십자가와 부활을 통해 하느님의 진리를 가르치셨다. 우리는 우리의 감각을 통해 몸 안에서, 그리스도의 사역에서 행하신 모든 표징과 그의 죽음 및 부활을 포함하여 그리스도의 삶을 구성하는 모든 것 안에서 하느님의 말씀과 지혜를 만난다.

아타나시우스는 영원한 말씀이 예수의 몸 안에 갇혀 있는 것이 아니라 온 우주 안에서 창조적이고 섭리적으로 계속하여 활동하신다고 주장한다. 말씀은 온 우주에 존재하지만, 피조물에 갇혀 있지 않고 다른 모든 것을 포함하고 있다. "그분은 육신에 묶여 있지 않고 오히려 그것을 지배했기 때문에, 그 몸과 만물 안에 계시면서도 피조물 밖에 계셨고, 오로지 아버지 안에만 머무르고 계셨기 때문이다. 가장 놀라운 것은 그분이 인간으로 사시면서도 동시에 말씀으로서 만물에 생명을 주셨고, 성자로서 성부와 함께 계셨다는 것이다."[22]

아타나시우스는 예수의 십자가로 돌아가서, 그곳에서 고난받으신 분이 "하느님의 아들이자 만물의 구세주"이심을 온 피조물이 고백하는 것으로 본다. 피조물 그 자체가

---

[22] Ibid., 17.

십자가에 침묵하지 않고 외친다.

> 가장 놀라운 것은, 그의 죽음—정확히는 죽음을 이긴 승리, 곧 십자가—에서조차 모든 피조물이 육신으로 알려지고 몸으로 고난을 받으신 그분이 단순한 인간이 아니라 하느님의 아들이자 만물의 구세주이심을 고백한다는 것이다. 태양이 돌아섰고 땅이 흔들리며 산들이 갈라지고 모든 사람이 두려워하니, 이 모든 것은 십자가에 달리신 그리스도가 하느님이시며, 피조물 전체가 그의 시종이었으며 그의 주인이 오심을 두려워하여 증거하고 있었음을 보여 주었다. 이처럼 말씀이신 하느님은 자신의 작품을 통해 인간에게 자신을 드러내 보이셨다.[23]

존 베어는 이 본문에 관하여 이렇게 적고 있다. "창조 세계는 피조물을 다스리고 질서를 부여하는 분으로서 예수 그리스도의 신성을 증거할 뿐만 아니라, 십자가에서 죽으신 분의 신성을 증거하는 것이라고 아타나시우스는 지적한다."[24] 아타나시우스는 이어서 이러한 십자가 죽음이 "우리 신앙의 핵심"이며 "그것에 대해 이야기하는 모든 사람

---

[23] Ibid., 19.
[24] Behr, *The Nicene Faith*, part 1, vol. 1, 200.

에게 절대적인 것이다."[25]라고 말한다. 물론 아타나시우스에게 십자가는 십자가에 못 박힌 예수의 부활을 포함한다. 그 핵심은 우리의 피조물적 죽음을 변화시키는 것이다. 아타나시우스는 《육화에 대하여》에서 부활을 다룰 때, 부활하신 그리스도의 모습이 아니라 그리스도의 몸인 교회가 부활을 증거하는 방식에 초점을 맞춘다. "누구든지 그리스도에 대한 헌신 때문에 망설임없이 죽음으로 뛰어드는 남자와 여자, 어린아이들을 본다면 … 죽음이 그리스도에 의해 파괴되었고, 그 타락은 깨어지고 종식되었다는 것을 아무도 의심하지 말아야 한다."[26]

아타나시우스에게 있어서, 그리스도의 몸에 속한 사람들의 증거는 그리스도의 십자가로 인한 죽음의 변화를 보여 주는 가장 가시적인 '증거'가 된다. 부활하신 그리스도의 사역은 그의 몸인 그리스도인의 삶에서 드러난다. 그리스도 안에 사는 사람들은 죽음에 대한 그리스도의 승리를 보여 준다. 베어는 이곳에 그리고 모든 곳에 "말씀이 모든 인간 존재와 함께 취한 몸의 동일성이 있고, 이제 그리스도를 입은 사람들에게서 나타나는 동일성이 있으므로, 육화가 의미하는 바에 대해서 흔히 생각하는 것보다 훨씬 더 넓은

---

[25] Athanasius, *On the Incarnation*, 19.
[26] Ibid., 27-30.

범위를 부여할 수 있다."[27]라고 한다. 창조의 말씀, 즉 피조 세계를 처음에 존재하도록 부르셨던 분은 육신을 입고 피조물 안에 오셔서 그것을 새롭게 하시는 분이며, 말씀의 육체적 현존은 오늘날 교회라는 그의 몸에서 계속되고 있다.

피조물과 함께하는 '지혜'의 존재 방식

아타나시우스는 《아리우스주의자에 대항하는 강론》*Orations against the Arians*에 들어 있는 특히 뛰어난 구절에서 만물의 창조주이신 하느님의 지혜와 지혜로 창조된 흔적을 지닌 피조물 전체에 대해 성찰한 다음, 바로 이 동일한 하느님의 지혜가 예견하지 못한 전혀 새로운 방식으로 육화하여 피조물에 현존하게 되는 방식을 보여 준다. 예수 안에서 그분의 삶과 죽음, 부활을 통해 하느님의 지혜는 근본적으로 내적인 방식으로 피조물에게 현존하여, 용서를 베풀고 죽음을 극복하며 피조물의 존재를 내면으로부터 변화시킨다.

아타나시우스는 《아리우스주의자에 대항하는 강론》 중 두 번째 강론의 말미에서 이런 생각을 밝히고 있다. 그 맥락은 텍스트에 근거하여 '지혜'가 피조물이라고 주장하는 반대자들에 맞서 '지혜'의 신성을 변호하는 것이다. "주님

---

[27] Behr, *The Nicene Faith*, part 1, vol. 2, 206.

께서는 그 옛날 모든 일을 하시기 전에 당신의 첫 작품으로 나를 지으셨다."잠언 8,22 아타나시우스는 이러한 성경의 주장에 대해 각 피조물에게서 발견되는 지혜의 피조물적인 흔적 및 모습과 신적인 지혜 자체를 구별함으로써 답한다.

> 그러므로 하느님의 외아들이시며 참된 지혜는 만물을 창조하고 만드신 분이다. "그 모든 것을 당신 슬기지혜로 이루시어, 세상이 당신의 조물들로 가득합니다."시편 104,24라고 말씀하셨기 때문이다. 그러나 피조물들이 존재할 뿐만 아니라 잘 살아가도록 하기 위해, 하느님은 자신의 지혜가 피조물들에게 내려와 함께하심을 기뻐하셨다. 그러므로 그는 각 피조물과 피조물 전체에 지혜의 형상의 특정한 흔적[τύπον]과 모습을 두셨는데, 이는 존재로 생겨나는 것들이 지혜롭고 하느님께 합당한 것임을 증명하기 위함이었다. 우리의 말이 하느님의 아들인 '말씀'의 형상인 것처럼, 우리 안에 생겨나는 지혜는 그의 '지혜'의 형상이며, 그 안에서 우리는 인식과 이해에 도달한다. 따라서 우리는 창조주-지혜의 담지자가 되고, 그녀를 통해 그녀의 아버지를 알 수 있다.[28]

---

[28] Athanasius, *Orations against the Arians*, 2.78, in Anatolios, *Athanasius* (New York: Routledge, 2004), 171. 아나톨리오스는 이 본문에서 인칭 대명사의 번역에 대해 다음과 같이 설명한다. "아타나시우스의 그

이 본문에는 몇 가지 핵심 사항이 언급되어 있다. 첫째, 하느님은 하느님 자신의 지혜를 '낮추시거나', 각 피조물과 함께 직접 현존하기 위하여 내려오심으로써, 지속적인 창조 행위를 통해 그 존재의 원천이 되신다. 둘째, 하느님께서는 "모든 개별적 피조물과 창조의 전체성 안에" 지혜의 흔적$_{typon}$과 모습을 두신다. 이는 고래, 코알라, 인간이 모두 고유하고 상호 연관된 방식으로 하느님의 지혜를 반영한다는 것을 의미한다. 내 앞에 보이는 이 나무는 창조주-지혜로부터 존재할 뿐만 아니라 그 자체로도 지혜의 흔적을 지닌 창조된 지혜의 반영이다. 오늘날 우리가 알고 있는 우주, 즉 2조 개의 은하계로 구성된 역동적이고 확장되는 관측 가능한 우주 역시 하느님의 지혜를 반영하고 지혜의 흔적을 지니고 있다고 말할 수 있다. 그리고 진화의 역사와 함께 놀라울 정도로 다양한 생명체와 그 생명체가 의존하는 바다와 땅, 대기를 갖고 있는 우리의 풍요롭고 연약한 집인 지구는 신성한 지혜의 아름다움을 반영하며 지혜의 흔적을 지니고 있다.

셋째, 인간은 지혜에 고유하게 참여한다. 곧, 인간이 경험하는 지혜는 하느님 지혜의 모습이자 그에 참여하는 것

리스어에서 인칭 대명사는 주어가 '지혜'(소피아)일 때 여성형에서 주어가 '말씀'(로고스) 혹은 말씀이 되신 인간(anthropos)일 때 남성으로 바뀐다." (267n173).

이다. 자연에 대한 경험, 대인 관계, 정의 추구, 진리와 이해에 대한 탐구, 말씀 묵상, 침묵의 순간에서 우리는 우리 자신 안에 있는 지혜의 모습을 발견할 수 있다. 우리는 창조주인 지혜 그 자체에게로 인도되며, 지혜를 알면 성부 아버지를 알 수 있다. 오늘날 인류 공동체 안에서 우리가 지구 생명 공동체의 안녕에 책임이 있다는 인식이 커지는 것은 생명을 주는 성령의 자극뿐만 아니라 거룩한 지혜를 통한 참여라고 할 수 있다. 아타나시우스는 바오로와 함께, 태초부터 하느님의 본성이 창조 세계에 분명하게 드러났음에도 불구하고 인간은 계속해서 하느님께 영광을 돌리지 않고 거짓 신들을 숭배해 왔다는 슬픈 사실을 지적한다.로마 1,19-21 그러나 하느님은 인류를 버리지 않으시고 하느님의 위대하신 관대함으로 지혜를 보내시어 육화하심으로써 우리와 함께하신다.

> 하느님께서는 더 이상 이전 시대처럼 피조물 안에 있는 지혜의 형상과 그림자를 통해 자신을 알리고자 하지 않으시고, 참 지혜 그 자신이 육신을 취하여 필멸의 인간이 되시고 십자가의 죽음을 견디게 하셔서, 이제부터는 그를 믿는 모든 사람이 구원을 얻게 하셨다. 그러나 그분은 먼저 피조물 안에 있는 자신의 형상을 통해 - 그

래서 '창조되었다'고 말해지는 - 그 자신을 드러내고 그리고 자신을 통해 아버지를 드러내셨던 하느님의 지혜, 하지만 나중에는 요한이 말했듯이 말씀이 되어 육신이 되신요한 1,14 하느님의 지혜와 동일한 지혜이다.[29]

아타나시우스가 육화하신 하느님께서는 더 이상 피조물 안에서 지혜의 형상을 통해 하느님 자신을 드러내지 않으신다고 말할 때, 나는 하느님이 더 이상 이렇게 제한된 방식으로만 계시되지 않고 육신이 되신 지혜의 완전한 경이로움 속에서 계시된다는 의미로 받아들인다. 육화에 비추어 생각해 보면, 우리는 주변의 큰 나무, 작은 야생화, 멸종 위기종, 인간 등 우리를 둘러싼 지혜의 표징들 속에서 지혜의 현존을 인식하고 기려야 할 이유가 더욱 커진다.

신화神化, Deification

아타나시우스는 바오로 서간과 히브리서에서 발견한 그리스도의 죽음과 부활의 의미를 해석하기 위해 다양한 성경적 이미지를 활용한다. 근본적으로 그는 구원을 새로운

---

[29] Athanasius, *Orations against the Arians* 2.78, in Anatolios, *Athanasius*, 174.

종류의 관계, 즉 하느님과 인류 그리고 더 넓은 피조물 사이의 심오하고 새로운 일치의 관점에서 바라본다. 하느님은 육화를 통해 피조물을 신성한 삼위일체적 삶의 친밀함 안으로 끌어들이기 위해 철저하게 직접적이고 내적인 방식으로 피조물의 실재와 결합한다.

피조물은 하느님의 외부에 있는 반면, 말씀과 성령은 하느님에게 속한다고 말함으로써 말씀과 성령이 피조물이 아니라 온전히 신적이라고 주장하는 것이 아타나시우스의 특징이다. 그는 육화를 통해 이 말을 근본적으로 뒤집는다. 육화를 통해 창조된 인간의 몸인 그리스도는 이제 말씀의 외부가 아니라 말씀에 합당한 존재가 되었다. 이것은 육화를 통해 피조물의 외부성에 대한 급진적인 재구성이 일어났음을 의미한다. 육화를 통해 그리스도는 하나의 신성한 본성 안에서 성부 아버지와 결합되고, 말씀이 취한 육신을 통해 피조물인 우리의 인성과 결합되는 것이 합당해진다. "그리스도와 인성 모두에 결합됨으로써 그리스도는 우리를 효과적으로 하느님과 결합시킬 수 있습니다."[30] 아나톨리오스는 아타나시우스의 구원신학에서 예지 모델의 중요성을 지적한다. 인간의 조건은 육화를 통해 말씀에 합당하다고 단언할 수 있다. 그것은 말씀의 주체성에 속한다. 따

---

[30] Anatolios, *Athanasius: The Coherence of His Thought*, 139.

라서 피조물인 인간은 이제 말씀에 귀속된다. 그것은 "말씀이 되신" 또는 "말씀된" 것이다.[31]

아타나시우스는 육신이 되신 말씀의 고난에 대해 역설적인 견해를 가지고 있다. 한편으로 그는 말씀은 완전한 신성이기 때문에 고난을 당할 수 없다고 주장하지만, 다른 한편으로 예수의 고난은 단순히 육신의 인성 때문이 아니라 말씀의 주관성에 기인한다고 주장한다. 따라서 아타나시우스는 말씀이 고통을 겪으면서도 고통을 겪지 않는다고 말할 수 있다.[32] 이 역설이 그의 구원신학의 핵심이라고 보는 것이 근본적 통찰이다. 말씀은 고통을 변화시키기 위해 고난 속으로 들어간다. 변화는 육화에 관한 아타나시우스의 관점에 본질적으로 내재되어 있다. 존 베어가 말했듯 아타나시우스에게 육화는 상호적이고 변혁적인 역동성을 의미한다.[33] 그는 "세상을 아버지께 선물하고 하늘과 땅의 모든 이에게 평화를 주기 위해"[34] 피조물 안에 오신 창조주이자 조물주로서의 말씀에 대해 이야기한다. 그러므로 말씀이 피조물에게 오시는 것은 과거에 있었던 일회적 사건이 아

---

[31] Ibid., 142.
[32] Ibid., 144-45.
[33] John Behr, "Saint Athanasius on 'Incarnation,'" in *Incarnation: On the Scope and Depth of Christology*, ed. Niels Henrik Gregersen (Minneapolis: Fortress, 2015), 79-98, at 97.
[34] Athanasius, *Letter to Adelphius* 8, in Anatolios, *Athanasius*, 242.

니라 본질적으로 피조물의 변화이며, 이는 그리스도의 몸인 교회에서 이미 분명하게 드러난다.[35]

아타나시우스는 육화의 이러한 변화 효과에 대해 종종 신화神化, deification라는 용어로 이야기한다. 이는 그의 유명한 저서 《육화에 대하여》의 첫 구절에 잘 나타나 있다. "그분은 우리가 신성에 참여하게 하기 위해 인간이 되셨습니다."[36] 아타나시우스는 신화를 나타내는 용어인 동사 테오포이에오θεοποιέω와 명사 테오포이시스θεοποίησις를 그의 후기 반反아리우스 저술에서 훨씬 더 자주 사용하여, 우리가 신화되도록 육신을 취하신 말씀의 진정한 신성을 변증한다. "그래서 그는 인간이 아니셨지만 나중에 하느님이 되셨다. 그러나 하느님이신 그분은 우리가 신화될 수 있도록 나중에 인간이 되셨다."[37]

아타나시우스는 신화신학을 발전시키면서 이레네우스와 다른 사람들을 기초로 하였지만, 전임자들보다 신화라는 용어를 자주 사용하며 그 의미를 명확히 하였고, 입양, 갱신, 구원, 성화, 은총, 초월, 조명illumination, 생기와 같은 동의어와 자주 짝을 이뤘다.[38] 말씀은 영원히 신성한 존재이며 신화의

---

[35] Behr, "Saint Athanasius on 'Incarnation,'" 97.
[36] Athanasius, *On the Incarnation*, 54.
[37] Athanasius, *Orations against the Arians*, 1.39, in Anatolios, *Athanasius*, 96.
[38] See N. Russell, *The Doctrine of Deification in the Greek Patristic*

원천이기 때문에 아타나시우스는 반대자들에 맞서 하느님의 말씀은 신화되지 않는다고 주장한다. 중요한 것은 예수의 육신적 인성은 말씀과 결합하여 신화되었고, 이것이 바로 인성의 신화를 가능하게 하는 것이라는 점을 주장한 것이다.[39]

구원은 보다 넓은 자연 세계를 포함한다

이 구원과 신화의 과정은 인간 그 이상을 포함한다. 아타나시우스는 육화가 피조물의 실재에 변화를 가져오고, 그 변화는 인간뿐만 아니라 더 넓은 피조물에도 이미 작용하고 있다고 본다. 그의 초점은 인간에 맞춰져 있지만, 더 넓은 피조물도 당연히 포함하는 것으로 보인다. 다음 예에서 그는 로마서 8,19-23과 콜로새서 1,15-20을 명시적으로 언급하며 그리스도의 부활을 통해 완성되는 해방에 피조물 전체를 분명히 포함한다.

> 그들을 반박하는 진리는, 그가 육신의 친족 관계 때문에 "많은 형제 가운데 맏이"로마 8,29라고 불리고, 죽은 자의 부활이 그에게서 그리고 그 이후에 오기 때문에

Tradition (Oxford: Oxford University Press, 2004), 177-78.
[39] Athanasius, *Orations against the Arians*, 1.42, in Anatolios, *Athanasius*, 99.

"죽은 이들 가운데에서 맏이"콜로 1,18라 불리며, 인류를 향한 아버지의 사랑 때문에 "모든 피조물의 맏이"콜로 1,15라고 불리며, 이로 인해 그분은 말씀을 통해 만물에 일관성을 주셨을 뿐만 아니라, "하느님의 자녀들이 나타나기를 간절히 기다리고 있습니다."라고 사도들이 말한 피조물 자체가 특정 시점에서 "멸망의 종살이에서 해방되어, 하느님의 자녀들이 누리는 영광의 자유를 얻을 것"로마 8,19.21이라는 것이다.[40]

또 다른 예로, 이번에는 성령의 완전한 신성을 옹호하면서 말씀과 성령이 모두 육적인 말씀의 육화를 통하여 작용하고 있으며, 이는 전체 피조물을 아버지와 일치시키고 화해시키기 위해서라고 주장한다.

이와 같이 말씀이 거룩하신 동정녀 마리아를 찾아오셨을 때도 성령께서 그와 함께 오셨고, 성령 안에서 말씀이 몸을 이루시고 그 몸을 자기 안에 모셨으니, 이는 자신을 통해 창조 질서에 동참하여 아버지께 선물하시고, "땅에 있는 것이든 하늘에 있는 것이든 그분을 통하여 그분을 향하여 만물을 기꺼이 화해시키"고 평화를 이

---
[40] Ibid., 2.63.

루려는 소망에서였다.콜로 1,20[41]

아타나시우스는 피조물이 신화되는 것에 대해 더 일반적으로 말하며, 종종 인간을 신적으로 입양하는 맥락에서 말한다. "그분[성령] 안에서 말씀은 존재하는 모든 것을 신화합니다. 그리고 피조물이 신화되는 그분 안에서 피조물 자신은 아버지의 신성에 외부적일 수 없습니다."[42] 아타나시우스는 인간에 초점을 맞추고 있지만 인간과 나머지 피조물을 예리하게 구분하는 것에는 관심이 없다. 더 넓은 자연 세계를 직접적으로 언급하는 앞서 언급한 본문들을 보면 아타나시우스의 관점이 포괄적이라는 것을 알 수 있다. 인간을 용서하고 신화하며 사랑하는 아들과 딸로 입양하고, 나머지 피조물은 그리스도 안에서 각자의 고유한 방식으로 변화될 수 있도록 하기 위해 말씀이 육신이 되신 것이다.

아타나시우스는 말년에 그리스도를 "모든 육적인 것과 모든 피조물의 해방자"로마 8,21 참조로 그리고 "피조물 안에 오신 창조주이자 조물주로서, 자신 안에서 만물에게 자유를 부여함으로써 세상을 아버지께 선물하시고 하늘과 땅의 모든 이에게 평화를 주시는 분"[43]으로 기록한다.

---

[41] Athanasius, *Letters to Serapion*, 1.31, in Anatolios, *Athanasius*, 231-32.
[42] Athanasius, *Letters to Serapion*, 1.25, in Anatolios, *Athanasius*, 225.
[43] Athanasius, *To Adelphius*, 4, in Anatolios, *Athanasius*, 238.

초월성을 초월하시는 자기낮춤의 하느님

 아타나시우스는 삼위일체 하느님이 모든 피조물과 직접적으로 관계하신다는 명확한 견해를 갖고 있는데, 이는 말씀과 성령께서 완전한 신성을 갖고 계시다는 그의 주장과 밀접한 관련이 있다. 그는 플라톤 철학에 의해 형성되고 아리우스, 카이사리아의 유세비우스, 아스테리우스와 같은 반대자들을 포함하여 많은 그리스도인들이 공유했던 당시의 지배적인 가설에 직접적으로 반대하였다. 널리 퍼진 이 가설에서는 전적으로 거룩하신 초월적 하느님과 피조된 실재 사이에 로고스와 같은 창조된 중개자가 필요하였다. 그러면 피조물은 로고스에 참여하고, 로고스는 하느님에 참여하지만, 그 로고스는 전적으로 거룩하고 영원하신 하느님보다는 못하다.

 아타나시우스와 동시대 많은 사람들에게 하느님의 초월적인 타자성은 하느님과 피조물 사이에 직접적이고 즉각적인 관계라는 개념을 생각할 수도 없게 만드는 듯했다. 한편으로는 그러한 즉각적인 연결이 모든 피조물을 근본적으로 초월하신 전적으로 거룩하신 하느님의 신적 초월성을 훼손하는 것처럼 보였기 때문이다. 다른 한편으로는 피조물의 관점에서 볼 때, 피조물이 전적으로 거룩하신 하느님의 중재되지 않은 손길을 견딜 수 있다는 것은 불가능해 보였다. 그들에게는 하느님과 피조물의 세계 사이에 일종의 '완충 장치'가 필요했다.[44]

아타나시우스에게는 이러한 완충 장치가 없었다. 그의 견해에 따르면 하느님과 하느님의 피조물 사이에 중개자란 없다. 하느님은 말씀과 성령을 통해 즉각적으로 현존하시며, 말씀과 성령은 변하지 않는 신적 본성을 온전히 공유하는 온전한 하느님이다. 아타나시우스는 창조주의 근본적인 타자성에 대한 확신을 그의 반대자들과 공유한다.

그렇다면 하느님과 피조물 사이의 존재론적 간극은 어떻게 메울 수 있을까? 이레네우스에 따르면, 이 간극은 오직 하느님에 의해서만 연결된다. 피조물 중개자는 존재하지 않는다. 물론 아타나시우스는 하느님께서 로고스를 통해 창조하신다는 성경의 가르침을 그의 반대자들과 공유한다. 그러나 그는 말씀을 창조된 중개자가 아니라 피조물에 대한 하느님의 현존 그 자체, 피조물에게 내려오신 창조되지 않은 말씀, 자기낮춤의 사랑으로 피조물과 '함께 아래로 내려와' 계시는 분으로 본다. 아타나시우스는 그리스도를 "피조물의 맏이"[1,15]로 선포하는 콜로새 찬가를 언급하

---

[44] Peter Leithart, *Athanasius*, (Grand Rapids, MI: Baker Academic, 2011), 91.

며 다음과 같이 적었다.

> 그가 피조물의 "말이"라고 불린 것은 그 자신이 피조물이거나 모든 피조물과 본질적으로 친족 관계에 있기 때문이 아니라, 피조물을 존재하도록 하기 위하여 태초에 그들을 창조하실 때, 존재하게 될 피조물에게 말씀이 '함께하려고 아래로 내려오셨기'[σύνκατάβεβηκώς] 때문이라는 것이 모두에게 분명하기 때문이다. 만일 그분이 인류를 향한 아버지의 사랑에 의해 '함께 아래로 내려오셔서'[σύνκατάβας] 피조물을 지원하고 강하게 하여 존재하게 되도록 이끌지 않으셨다면, 그들은 무한한 광휘의 존재인 아버지의 본성을 견디지 못했을 것이다.[45]

창조와 육화 안에서, 모든 피조물과 근본적으로 다른 초월자 하느님의 말씀은 관대하고 자비로우시며 자애로운 돌봄으로 피조물에게 직접 현존하기 위하여 함께 아래로 내려오셨다. 아나톨리오스는 아타나시우스가 신의 자비와 자애라는 성경적 범주를 통해 신의 초월 개념을 변형시켰다고 지적한다. 창조와 육화 안에서 하느님의 두 가지 속성, 즉 "모든 존재를 초월하여[히페레케이나 파세스 우시아스, ὑπ

---

[45] Athanasius, *Orations against the Arians*, 2.64, in Anatolios, *Athanasius*, 157-58.

ερέκεινα πάσης ούσίας]"[46]로서의 하느님과 하느님의 "선함과 자애[필란트로피아, φιλανθρωπία]"[47] 사이에 "동시적인 대조와 상호 작용"이 존재한다. 아나톨리오스는 자애로움이라는 신적 속성 때문에 하느님은 자신의 초월성을 초월할 수 있다고 말한다.

> 하느님을 주로 자애와 자비, 곧 하느님 자신의 초월성을 초월할 수 있는 속성으로 특징짓는 것은 왜 중개적 존재가 필요하지 않은지, 육화가 하느님의 존재의 특성과 피조물 안의 신성한 품격에 어떻게 부합하는지를 설명한다.[48]

따라서 아타나시우스는 하느님의 초월성을 '재구성'하는 작업을 하고 있다.[49] 아타나시우스는 그의 반대자들처럼 초월성을 성부와, 내재성을 로고스와 연관시키는 대신, 초월과 내재 두 속성 모두 하느님에 속하는 것으로 이해하고, 자애라는 개념을 통해 이 둘을 조화시킨다. 아마도 상

---

[46] Athanasius, *Against the Greeks*, 2.

[47] Anatolios, *Athanasius*, 40.

[48] Khaled Anatolios, *Retrieving Nicaea: The Development and Meaning of Trinitarian Doctrine* (Grand Rapids, MI: Baker Academic, 2011), 104.

[49] Ibid.

상할 수 없는 신적 자애의 능력으로 특징지어지는 하느님 초월성의 진정한 본질은 하느님을 피조물과 별개의 영역으로 제한하는 것처럼 보일 수 있는 인간의 부적절한 초월 개념을 훨씬 뛰어넘는 것이라고 말할 수 있다. 부적절하고 인간적인 초월 개념은 창조와 육화를 통해 하느님이 피조물과 사랑으로 현존하시는 능력에 한계를 두는 데 사용될 수 있다. 그러므로 아타나시우스는 자비로우신 사랑의 하느님이라는 주장을 함으로써 하느님의 초월성에 관한 제한되고 유한한 관점을 초월한다.

아나톨리오스는 위의 인용문에서 논하기를, 아타나시우스에게 있어서 창조하시는 분으로서의 하느님의 성품은 육화에서 계시된 하느님의 케노시스적 성품과 완전히 일치한다고 한다. 창조와 육화 모두에서 하느님의 말씀은 피조물의 창조와 신화를 위해, 피조물과 함께하기 위해 내려오신 자기낮춤의 하느님이시다. 아타나시우스는 필리피서 2장 5-11절을 주석하면서, 예수 그리스도가 처음에는 피조물이었다가 신적 지위에 올랐다는 그의 반대자들의 견해를 완전히 거부한다. 오히려 말씀은 언제나 하느님이셨으며, 육신을 취하여 십자가에서의 죽음을 받아들임으로써 "그는 높아진 것이 아니라 오히려 자신을 낮추었다."[50]고

---

[50] Athanasius, *Against the Arians*, 1. 39-40.

주장한다. 그러므로 아타나시우스에게 그리스도는 "내려오시어 스스로 낮아지신 하느님"[51]이다. 이 신성한 자기낮춤은 우리의 진보를 위해, 즉 우리가 하느님의 아들과 딸로 신격화되도록 하기 위한 것이다.

아타나시우스의 육화신학에서 구세주의 자기낮춤은 단순히 예수의 인성 안에 있는 것이 아니라 오히려 신적인 본성을 진정으로 드러낸 것이다. 피조물과 육화를 통한 하느님의 자기낮춤은 삼위일체 하느님의 사랑에서 비롯된 것이며 신적인 본성 그 자체에 속한다. 아나톨리오스는 "아타나시우스의 설명에 따르면, 하느님의 자기비허self-abasement는 성경에 나타난 하느님의 성품에 필수적인 요소이다. 이러한 하느님의 겸손은 별도의 중재적 존재에 속한 것이 아니라 하느님의 본성에 직접적으로 속한 것으로 초월적인 하느님과 그의 피조물 사이의 직접적인 접촉을 가능하게 한다."[52]고 적었다.

말씀과 성령은 본질적으로 아버지와 하나이기 때문에 그들이 피조물에게 창조적으로 현존한다는 것은 모든 것의 근원이신 아버지께서도 각 피조물에게 즉각적으로 현존하신다는 것을 의미한다.[53] 아타나시우스가 즐겨 사용하

---

51 Anatolios, *Retrieving Nicaea*, 123.
52 Ibid., 119.
53 Anatolios, *Athanasius: The Coherence of His Thought*, 113.

는 삼위일체의 이미지를 사용하여 표현하였듯이, 빛을 경험하는 사람은 어떤 중개자가 아니라 태양 자체에 의해 비추어지는 것이다.[54] 하느님에 대한 온전한 삼위일체신학은 하느님과 하느님의 피조물 사이의 관계가 즉각적임을 엿볼 수 있게 해 준다. 지상의 모든 피조물, 모든 고래, 모든 참새는 성령 안에서 말씀을 통해 모든 것의 근원에 참여함으로써 존재하며, "그 가운데 한 마리도 하느님께서 잊지 않으신다."루카 12,6

아나톨리오스는 아타나시우스가 하느님의 본성을 그리스도론적 관점에서 자기낮춤의 사랑으로 재정의한 방식이 니사의 그레고리우스에게서 더 발전한 것이라는 점을 지적한다. 그레고리우스는 《교리 강해》*Catechetical Orations*에서 십자가의 굴욕이 어떻게 하느님 본성의 위엄과 일치하는지를 묻는다. "그렇다면 그들은 왜 신성한 분이 그런 굴욕을 당하셨을까 하고 묻는다. 무한하고, 불가해하고, 형언할 수 없는 실재인 하느님이 모든 영광과 위엄을 초월하여 인간의 본성과 결합함으로써 더럽혀져야 하고, 그의 숭고한 능력이 비천한 것과 접촉함으로써 적지 않게 훼손되어야 한다고 생각할 때 우리의 믿음은 흔들린다."[55] 이에 대해 그레고리우

---

[54] Athanasius, *Against the Arians*, 3.14.
[55] Gregory of Nyssa, *Catechetical Orations* 14, in Anatolios, *Retrieving Nicaea*, 203.

스는 아타나시우스의 자애 개념을 받아들여 이를 하느님 본성의 적절한 표식으로 제시하였다.[56] 그는 더 나아가 하느님의 초월성 개념을 재구성한다. 하느님의 초월성을 피조물에 직접 관여할 수 없다는 식의 부정적인 무능력 개념으로 해석해서는 안 된다. 오히려 그레고리우스는 신적 능력의 최고의 사례가 육화함으로써 인간의 조건을 공유하기로 선택한 하느님의 사랑이 깃든 자기비허라고 주장한다.

> 우선적으로, 전지전능한 본성으로 인해 인간의 낮은 자리로 내려올 수 있었다는 것은 위대하고 초자연적인 기적보다 더 분명한 권능의 증거이다. 하느님의 권능으로 위대하고 숭고한 일을 행하는 것은 어떤 면에서는 하느님의 본성에 부합하고 일치하는 것이기 때문이다. 보이지 않는 세계를 포함한 피조물 전체가 하느님의 권능으로 존재하며, 그것이 그분의 뜻이 실현되는 것이라는 말을 듣는 것은 놀랄 일이 아니다. 그러나 인간의 낮은 자리로 내려오신 것은 그 본질에 반하는 상황에 얽매이지 않는 힘, 즉 권능의 최고의 사례이다. … 하느님의 초월적인 능력은 우주의 광대함이나 별들의 광채, 우주의 질서 정연한 배열, 그에 대한 그분의 끊임없는 통치에

---

[56] Ibid.

서 드러나는 것이 아니라, 우리의 연약한 본성으로 스스로를 낮추신 것에서 드러난다. 우리는 하느님이 인간의 본성과 얽히고, 인간이 되면서도 하느님이시기를 멈추지 않으시는 방식에 경탄한다.[57]

그레고리우스는 하느님의 권능을 육화를 통한 하느님의 사랑 어린 자기비허의 관점에서 재정의한다. 그러므로 하느님의 자기비허는 하느님 권능의 반대가 아니라 우리의 역사를 통해서 하느님 본성의 자애로움이 근본적으로 드러난 것이다. 그것은 하느님의 권능을 최고로 표현한 것이다. 그러므로 나는 비수동성impassibility이라는 개념이 "신적 정체성에 관한 틀림없는 표식이자, 모든 신적 감정에 대한 일종의 부정신학적 한정자"[58]로서 기능한다고 한 폴 가브릴류크Paul Gavrilyuk의 주장이 옳다고 생각한다. 그것은 하느님의 근본적인 초월성을 옹호하고, 말씀과 성령에 적용될 때 그들의 온전하고 동등한 신성을 옹호한다. 그것이 배제하는 것은 변덕스러움, 자의성, 불안정성, 그 밖에 정욕, 질투, 복수, 폭력 등 신화 속 신들에게서 발견되는 하느님에 합당하지 않은 모든 감정과 열정이다. 그것이 배제하지

---

[57] Ibid.
[58] Paul L. Gavrilyuk, *The Suffering of the Impassible God: The Dialectics of Patristic Thought* (Oxford: Oxford University Press, 2006), 173.

않는 감정은 성경에서 선포된 사랑, 연민, 관대함 등 하느님에 합당한 감정이며, 인간의 모든 감정을 무한히 뛰어넘는 하느님과 같은 종류의 감정임이 인정될 때 그러한 감정은 배제되지 않는다.

아타나시우스와 깊은 육화: 중요한 차이, 공명, 통찰

이레네우스와 마찬가지로, 아타나시우스의 육화신학과 깊은 육화에 관한 현대 신학 사이에는 분명한 차이가 있으며, 현대의 깊은육화신학의 기초가 될 수 있는 아타나시우스의 공명과 통찰 또한 존재한다. 차이가 불가피한 것은 맥락과 다루는 문제가 서로 다르기 때문이다. 아타나시우스는 말씀의 영원성과 신성에 대한 질문에 응답하고 있었는데, 그는 그것이 구원의 육화에 대한 그리스도교적 이해를 위험에 빠뜨린다고 보았던 반면, 깊은 육화는 진화적 세계와 관련된 고통과 상실 및 더 넓은 피조물을 위한 구원의 의미에 관심을 두고 있다.

중요한 차이
- 아타나시우스는 오늘날의 생태위기와 대면할 필요가 없었기 때문에 더 넓은 피조물에 직접적으로 관심을 집중

하는 경우가 많지 않았다. 그의 초점은 육화하신 말씀의 완전한 신성과 인간의 신화적 변화를 위한 육화의 의미에 있었다. 그러나 그는 창조하시는 '말씀'이 모든 피조물에게 사랑으로 현존하며, 그리스도를 통한 구원에 더 넓은 범위의 피조물을 포함한다고 보았다.

- 그는 인간 피조물뿐만 아니라 비인간 피조물의 고통에 대한 신학적 문제를 강조하는 현대의 진화적 의식을 공유하지 않았다. 그는 '말씀'에 대해 깊은 육화의 신학에서 제안하는 방식으로 고통받는 피조물과 함께 고통받는다고 말하지 않았다.

공명과 기초적 통찰

- 말씀은 모든 피조물에게 창조주로서 현존하시며, 피조물을 '존재하게 하시고', '다스리시고', '세우시고', '이끄시고', '부양하시고', '질서를 세우신'다. 각 피조물은 "참으로 아버지로부터 오신 '말씀'에 참여"하며, 말씀은 "모든 것, 모든 곳, 각 개별자 및 전체 모두에 생명을 주시고 보호하신다."[59]

- 창조의 '말씀'은 십자가의 '말씀'이다. 창조와 육화는 말씀과 성령의 신학에 깊이 연관되어 있다. 아버지께서는

---
[59] Athanasius, *Against the Greeks*, 41.

성령 안에서 말씀을 통해 만물을 창조하시고 새롭게 하신다.

- '말씀'의 육화는 예수 그리스도에게 있어서만 근본적으로 독특한 것이지만, 그것은 다른 모든 피조물에게도 변화와 신성을 부여하는 사건이다. 즉, "그분은 우리가 신성에 참여하게 하기 위해 인간이 되셨다." 그리고 그리스도는 '모든 육적인 것과 모든 피조물의 해방자'로마 8,21 참조이시다.[60]

- 육화, 무엇보다도 십자가는 하느님의 자기낮춤과 자기비움kenosis의 본성을 증거한다. 창조하시는 하느님의 신적 본성에 대한 신학적 이해는 그리스도론, 특히 십자가에 의해 결정된다.

- 더 넓은 피조 세계는 그리스도를 통한 만물의 종말론적 변화와 신화 안에 명시적이면서도 확실하게 포함된다. 아타나시우스는 피조물 전체가 십자가와 생명을 주는 부활에 참여하는 것으로 본다.

- 하느님의 초월성은 하느님의 내려오심과 자기낮춤의 사랑에 대한 성경적 개념의 관점에서 재구성된다. 창조와 구원에 있어서 하느님 행동의 특징인 자기낮춤은 신적

---

[60] Athanasius, *On the Incarnation*, 54; *To Adelphius*, 4, in Anatolios, *Athanasius*, 238.

본성 그 자체에 속한다. 니사의 그레고리우스는 육화를 통한 하느님의 사랑 어린 자기비허의 관점에서 신적 권능을 재정의한다. 그러므로 육화의 자기낮춤적 사랑은 신적 권능의 반대가 아니라 신적 권능의 진정한 표현이다. 아타나시우스의 신학은 무관심하고 무감각하며 멀리 떨어져 계신 하느님이라는 주장을 지지하지 않는다. 그것은 현대 신학이 신의 초월성뿐만 아니라 고통받는 피조물과 함께 느끼고 어떤 방식으로든 함께 고난을 겪는 하느님의 초월적 능력을 모두 긍정할 수 있는 공간을 열어 준다.

- 십자가의 자기비움적 사랑이 창조에서 작용하는 바로 그 사랑이라면, 현대 과학에 비추어 볼 때 137억 년에 걸친 우주의 출현과 37억 년에 걸친 지구상의 생명의 진화에서 그 모든 끔찍한 대가와 모든 놀라운 결과와 함께 작용한 것은 바로 이 자기비움과 자기낮춤의 사랑이라고 깊은 육화의 신학자들과 마찬가지로 말할 수 있다. 그것은 하느님께서 진화 세계의 모든 피조물에게 연민을 갖고 임재하시고, 피조물의 신음에 동행하시며, 그리스도 안에서의 만물의 해방과 완성에 그들의 참여를 약속하신다는 주장을 뒷받침할 수 있다.

# 4

칼 라너의 진화적 세계에서의 육화에 대하여

칼 라너1904-1984는 은총의 신학자라고 할 수 있다. 그의 신학에 따르면, 모든 인간은 언제나 하느님의 자유로운 자기증여 사랑의 상황 안에 존재한다. 그에게 은총은 일차적으로 창조되지 않은 은총으로, 즉 성령 안에 현존하는 하느님이다. 은총은 하느님의 자기증여를 받아들이는 모든 이에게 기꺼이 자신을 사랑으로 내어 주시는 하느님이다. 우리는 은총의 세계에서 태어났고 그 안에서 살고 있다.

한편 라너가 은총의 신학자라면, 그는 육화의 신학자이기도 하다. 은총은 언제나 말씀이 살이 되시어 우리를 구원하시고 생명을 주시는 은총이다. 우리는 그리스도 안에 주어진 계시를 통해서만 일상에서 경험하는 신비와 초월이 사랑과 은혜로우신 하느님과의 만남의 자리임을 확실히 알 수 있다. 라너의 생각에 따르면, 성령의 은총과 말씀의 육화는 근본적으로 상호 연관되어 분리될 수 없다.[1]

라너 신학의 근본적인 구조화 개념은 하느님의 자기증여 또는 자기베풂self-bestowal이다. 이것은 온전히 삼위일체적 개념으로, 하느님아버지은 육화된 말씀인 예수 안에서, 은총으로 부어지는 성령 안에서 우리에게 자신을 내주신다. 그리스도교 신앙의 위대한 진리인 육화, 성령의 은총 그리고 삼위일체는 하느님께서 말씀과 성령 안에서 우리에게 하느님 자신을 내어 주신다는 개념으로 요약된다. 이 신적인 자기증여는 창조 자체에서 시작되어 육화에서 상상할 수 없는 깊이에 이른다. 창조와 육화는 피조물 세계에 하느님 자신을 사랑으로 내주시기로 한 하느님의 자유로운 의사 결정이 뚜렷하게 나타난 측면들로 서로 연결되어 있다.[2]

육화에 대한 라너의 사상이 완전히 체계적인 방식으로 전개된 적은 없다. 로만 지벤록Roman Siebenrock은 라너의

---

[1] 칼 라너의 다음 논문 참고. Karl Rahner, *Theological Investigations*, 23 vols. (이하 *TI*), trans. various (Baltimore: Helicon Press, and New York: Crossroad, 1962-92); Karl Rahner et al., eds., *Sacramentum Mundi: An Encyclopedia of Theology* (이하 *SM*), 6 vols. (New York: Herder and Herder, 1968); 그리고 Karl Rahner, *Foundations of Christian Faith: An Introduction to the Idea of Christianity* (이하 Foundations), trans. William V. Dych (New York: Crossroad, 1978).

[2] Rahner, *Foundations*, 197.

그리스도론 연구가 그의 생애의 세 시기에 걸쳐 어떻게 나타나는지를 이야기하면서, 그가 수많은 구체적인 그리스도론 문제를 다루고 탐구하였던 과정을 보여 준다.[3] 이 장에서 나는 깊은 육화에 대한 현대적 논의에서 중요하다고 생각되는 라너 신학의 다섯 가지 측면을 다루고자 한다. 곧, (1) 불변하는 하느님의 육화를 통한 변화, (2) 깊은 곳까지 도달하는 육화와 십자가, (3) 진화적 신학에서의 육화, (4) 전체 창조 세계를 포함하는 부활, (5) 외계 생명체와 관련된 육화를 다룰 것이다. 마지막 장에서는 라너로 돌아가서 구원에 관한 그의 상징적/성사적 이해에 대한 개념을 기반으로 논의를 전개할 것이다.

불변하는 하느님의 육화를 통한 변화

칼 라너는 하느님은 무한한 충만의 하느님이라는 오랜 그리스도교 전통을 받아들여, 하느님을 변하지 않고 항구한 순수현실태 actus purus로 이해하는 것이 옳다고 보았다. 그러나 그는 이 개념이 육화를 통해서 말씀이 육신이 되셨다는 그리스도교 핵심 교리와 어떻게 관련될 수 있는지 묻

---

[3] Roman Siebenrock, "Christology," in *The Cambridge Companion to Karl Rahner*, ed. Declan Marmion and Mary E. Hines (Cambridge: Cambridge University Press, 2005), 112-27.

는다. 하느님의 영원한 말씀이 된다는 것은 무엇을 의미할까? 하느님은 무엇이든 될 수 있을까?

라너는 육화에서의 변화가 예수의 피조물적 인성에만 발생하고 영원한 하느님의 말씀에는 일어나지 않는다는 견해를 거부한다. 그는 이러한 입장의 결과로 "모든 변화와 역사는 그 모든 환난과 함께 절대적인 간극의 한쪽 편에 남아 있게 되며, 이는 필연적으로 불변의 하느님을 변화의 세계에서 분리하고 그들과 섞이지 못하게 방해한다."[4]고 말한다. 또한 이런 견해가 예수에게 일어난 일이 바로 하느님 말씀의 역사라는 것을 드러내지 못하기 때문에 부적절하다고 생각한다. 그는 그리스도교 전통은 예수의 삶과 죽음의 사건을 겪은 것이 바로 하느님의 영원한 말씀이라는 주장을 포함하고 있다고 본다.

라너의 입장은 하느님이 그 자체로는 불변하지만, 다른 존재가 되어 피조물이 되고, 인간이 됨으로써 변할 수 있다는 것이다. 순수한 자유를 지닌 무한한 하느님은 타자, 즉 유한한 존재가 될 가능성을 지니고 있는 것이다. 라너의 육화에 대한 견해에 따르면, 육화란 단순히 하느님이 이미 존재하는 피조물을 취하는 것이 아니라 하느님이 다른 존재

---

[4] Karl Rahner, "On the Theology of the Incarnation," *TI*, 4:105-120, at 113.

에게 자신을 내주고, 그렇게 함으로써 다른 존재를 하느님 자신의 실재로서 제시하는 것이다. 그러므로 라너는 그리스도교 육화의 근본적인 관점은 "다른 존재가 됨으로써 존재할 수 있는 하느님 자신의 자기비움, 케노시스κένωσις, 제네시스γένεσις"라고 말한다.[5] 이를 통해 라너는 아타나시우스처럼 하느님은 불변할 뿐만 아니라 진정으로 어떤 존재가 될 수 있다는 역설을 주장한다.

라너가 변하지 않는 하느님이 피조물이 될 수 있는 변증법적 가능성이 하느님의 결함이 아니라 오히려 하느님의 충만함을 나타낸다고 말할 때, 나는 그가 깊은 육화에 있어서 중요한 의미를 갖는 주장을 하고 있다고 생각한다. 하느님이 다른 존재가 될 수 없다면 하느님은 완전한 존재가 아닐 것이다. 육화의 빛에서 이해하는 하느님의 초월성은 피조물이 될 수 있는 하느님의 자유를 제한하는 것으로 생각되어서는 안 된다. 오히려 신적 초월성에 대한 진정한 이해는 자기비움의 사랑으로 하느님의 자아를 유한한 타자에게 내주는 하느님의 자유를 인정하는 것이다. 하느님께서는 역사에 하느님 자신을 자유롭게 맡기실 가능성을 갖고 계신다.

라너는 이 모든 것의 중심에 하느님 사랑의 근본적인 본

---

[5] Ibid., 114.

질이 있다고 주장한다. 사랑이 충만한 분으로 그 충만함 안에 머무시는 하느님께서는 또한 자신을 비우는 자기베풂을 통해 그 사랑을 부어 주실 수 있다. 이 케노시스적 사랑은 유한한 타자를 하느님 자신의 고유한 실체로 구성할 수 있다. 하느님은 자신을 내주는 사랑으로 자신을 초월하신다. 라너는 이것이 성경이 정의하는 '하느님은 사랑'이시라는 말의 의미라고 보았다.[6] 하느님은 사랑의 충만함이며, 항상 사랑의 충만함으로 남아 계시지만, 그 사랑은 피조물의 세계에 자신을 자유롭게 내주는 케노시스적 자기증여를 포함할 수 있는 사랑이다. 아낌없이 베푸는 자유와 사랑이 바로 하느님의 모습이다.

하느님의 초월성이 육화의 케노시스적 사랑에서 진정으로 표현된다는 라너의 말은 하느님의 창조 행위에도 적용될 수 있으므로, 이러한 생각은 깊은 육화에 매우 중요하다. 창조는 본질적으로 육화를 지향하며, 창조 역시 피조물을 향한 하느님의 자기증여와 케노시스적 사랑의 내적 부분으로 이해될 수 있다.

---

[6] Ibid., 115.

깊은 곳까지 도달하는 육화와 십자가

그리스도교 신학에서 자주 인용되는 "취해지지 않았다면 치유되지 않았다."[7]라는 말이 나지안주스의 그레고리우스329~390가 쓴 편지에 등장한다. 그레고리우스는 그리스도의 인성에 있어서 인간의 합리적 사고를 부정했던 아폴리나리스310~390의 신학에 대해 논평했다. 그레고리우스는 육화에서 말씀은 인간의 육체뿐만 아니라 인간의 마음과 영혼도 취한다고 주장한다. 그의 주장은 인간 전체가 그리스도 안에서 구원받고 변화되기 위해서는, 육화가 인간을 구성하는 모든 것을 취하시는 말씀과 관련 있어야 한다는 것이다. 칼 라너는 그레고리우스의 말을 받아들이고 자신의 견해를 확장하여, 육화에서 피조물의 모든 실체가 취해짐으로써 피조물 전체가 구원에 참여할 수 있다고 설명한다.

> 만약 어떤 것이 취해지지 않았다면, 그것은 구원받지 못한 것이다. … 그러나 그리스도는 참 인간, 아담의 참

---

[7] Gregory Nazianzus, *Epistle* 101, trans. Lionel Wickham, in "The First Letter to Cledonius the Presbyter," in *On God and Christ: St. Gregory of Nazianzus: The Five Theological Orations and Two Letters to Cledonius* (Crestwood, NY: St. Vladimir's Seminary Press, 2002), 155-66, at 158.

아들로서 모든 폭과 높이와 깊이에서 참으로 인간적인 삶을 살았기 때문에, 그 모든 것이 취해졌다. 따라서 모든 것이 혼합이나 분리 없이 영원한 삶으로 들어갈 것이다. 새 하늘뿐만 아니라 새 땅도 있을 것이다. 영원한 저주를 받지 않는 한, 그리스도 안에서 시작된 이 전체의 신화의 축복, 보호, 변화에서 벗어나 있을 수 있는 것은 아무것도 없다. 이 신화는 존재하는 모든 것을 하느님의 생명으로 끌어들이려는 목표를 가지고 있으며, 이것이 바로 영원한 유효성을 부여한다. 이것이 우리 시대, 우리 자리에서 하느님의 육화된 삶, 곧 그리스도교를 구성하는 그리스도의 실체이다.[8]

라너는 이 글을 통해 현대의 깊은육화신학과 가까워지게 되었는데, 이는 그가 그리스도가 모든 폭과 높이와 깊이에서 인간의 삶을 살았다고 말할 때 공간적 은유를 사용했기 때문만이 아니라, 더 중요하게는 그리스도 안에서 모든 것이 취해지고, 모든 것이 구원받고, 모든 것이 변화되며, 모든 것이 하느님의 삶으로 들어오고, 모든 것이 신화에 참여한다고 주장했기 때문이다. 그리스도 안에서 모든 것이

---

[8] Karl Rahner, *Mission and Grace: Essays in Pastoral Theology II* (London: Sheed and Ward, 1963), 39-42. Roman Siebenrock uses this as the epigraph for his chapter "Christology," in *The Cambridge Companion*, 112.

변화되는 이러한 보편적 상황에서 제외되는 유일한 경우는 그것을 자유 의지로 거부하는 사람의 경우이다. 라너는 인간이 하느님을 근본적으로 그리고 영원히 거부할 가능성을 열어 두어야 한다고 주장하지만, 동시에 모든 이가 종국에는 구원받을 것이라는 희망을 믿는다.

육화의 깊이와 폭에 대한 더 깊은 성찰은 라너가 1950년에 집필한 〈지구를 사랑하는 신앙〉*A Faith That Loves the Earth*이라는 제목의 묵상에서 찾을 수 있다.[9] 이 글에서 그는 우리 인간이 진정 땅의 일부이며, 땅이 우리의 어머니이고, 우리의 운명을 찾을 곳은 하느님의 영광이 있는 먼 어딘가로 도피하는 우리의 영이 아니라, 우리가 살고 있는 육체적 세계라고 말한다. 땅은 우리의 영원한 고향이지만, 땅 자체는 무상함과 고통, 죽음을 겪고 있다. 라너는 땅이 엄청난 욕망을 가진 자녀들을 낳으며 "땅이 주는 것은 무시하자니 너무 아름답고 영원히 만족하기에는 너무 적다."[10]고 언급한다. 우리는 땅의 자녀로서 더 많은 것을 갈망하며, 충만한 삶을 원한다.

이러한 맥락에서 라너는 예수의 죽음과 부활이 주는 메

---

[9] Karl Rahner, "A Faith That Loves the Earth," in *The Mystical Way in Everyday Life: Sermons: Essays and Prayers: Karl Rahner, SJ*, ed. Annemarie S. Kidder (Maryknoll, NY: Orbis Books, 2010), 52-58.
[10] Ibid., 53.

시지에 대해 깊이 성찰한다. 그는 예수의 죽음이 다른 세계로의 도피가 아니라 땅속 깊은 곳으로 들어가는 것이라고 주장한다. 예수는 죽음을 통해 피조물 실재의 한가운데로 내려가셨다. 라너는 "사람의 아들도 사흘 밤낮을 땅속에 있을 것이다."마태 12,40라는 예수의 말씀을 예로 들었다. 라너는 이 본문을 묵상하면서 예수가 "모든 지상의 것들이 서로 연결되고 하나가 되는, 땅의 무상함과 죽음의 자리로 내려갈 것"을 암시하는 것으로 본다.[11] 예수는 죽음을 통해 땅의 중심부로 들어가 땅을 신적인 생명으로 충만하게 하신다.

> 주님은 죽음을 통해 눈에 보이는 것의 가장 낮고 깊은 곳으로 내려가셨다. 이제 그곳은 더 이상 무상함과 죽음의 장소가 아니다. 왜냐하면, 이제 그곳에 주님이 계시기 때문이다. 그분의 죽음으로 그분은 이 지상 세계의 심장, 세상의 중심에 계신 하느님의 심장이 되셨고, 세상은 공간과 시간을 초월하여 하느님의 능력과 힘이 펼쳐지는 곳이 되었다.[12]

라너는 그리스도가 죽는다는 것은 땅의 심장 속으로, 또

---

[11] Ibid., 54.
[12] Ibid., 55.

한 온 우주를 가능하게 하고 힘을 주시는 하느님의 창조 행위 속으로 들어가는 것이라고 말하는 듯하다. 육신이 되신 말씀은 피조물의 중심에서 새로운 내적 방식으로 '하느님의 심장'이 된다. 그리고 그분의 부활은 땅과 피조물을 버린 것으로 볼 수 없다. 그분은 정확히 몸으로 부활하셨기 때문에 여전히 모든 육체적인 것들과 깊이 연결되어 계신다.

> 아니, 그분은 육신으로 부활했다. 이 뜻은 그분이 이 세상을 자기 자신으로 변화시키기 시작했다는 것을 뜻한다. 그분은 이 세상을 영원히 받아들였다. 그는 이 땅의 자녀로 새롭게 태어났지만 그 땅은 자유롭고 무한하게 변화되었다. 그 안에서 땅은 영원히 지속될 것이며 죽음과 무상함으로부터 영원히 해방될 것이다.[13]

부활하신 그리스도는 여전히 땅의 일부이며, 땅의 본성과 운명에 깊이 연결되어 있다. "그분은 부활하심으로써 땅의 거처를 떠나지 않으셨다. 그분은 비록 최종적이고 변형된 모습이지만 여전히 몸을 지니시고 땅의 일부로, 즉 여전히 땅에 속한 부분으로 땅의 본성과 운명에 연결되어 계신다."[14]

---

[13] Ibid.
[14] Ibid.

계속되는 투쟁과 삶의 고통에도 불구하고 땅의 중심에서는 근본적으로 새로운 무언가가 시작되었다. 변화된 세상의 힘은 이미 부활하신 그리스도 안에서 작용하고 있으며, 그 힘은 무상함과 죽음 그리고 죄의 근원을 정복하고 있다. 비록 우리가 세상에서 고통과 죄를 계속 경험하지만, 그리스도교 신앙은 그것들이 실제로 그 근원 깊은 곳에서 패배했다고 믿는다. "주님의 부활은 마치 화산이 처음 폭발하는 것과 같아서, 하느님의 불이 이미 세상 안에 타오르고 있으며 그 빛이 궁극적으로 모든 것을 축복의 빛으로 밝힐 것임을 보여 준다."[15] 부활하신 그리스도는 우리와 땅을 버리지 않으시고 피조물의 갈망 속에 근본적으로 현존하시기 때문에 새로운 변화의 힘이 이미 작용하고 있다.

> 그리스도는 이미 우리가 버릴 수 없는 이 땅의 모든 비천한 것들, 어머니인 지구에 속한 모든 것들의 중심에 계신다. 그분은 모든 피조물의 이루 말할 수 없는 간절함의 중심에 계시며, 자신의 몸이 변화되는 일에 참여할 수 있기를 기다리는—비록 자신이 기다리고 있다는 사실을 알지 못하더라도—모든 피조물의 중심에 계신다. 그분은 지구 역사의 중심에 계시며, 모든 승리와 패

---
[15] Ibid., 56.

배 속에서도 오로지 전진하며 그분의 영광이 그 깊은 곳에서 솟아나 모든 것을 변화시킬 그날을 향해 놀라울 정도로 확실하게 나아가고 있다. 그분은 모든 눈물과 모든 죽음의 깊은 곳에 감춰진 기쁨으로 그리고 겉으로 드러난 죽음으로 승리를 얻은 생명으로 존재한다. 그분은 거지에게 부여된 비밀스러운 재산으로서, 거지에게 건네지는 무언가의 중심에 존재한다.[16]

부활하신 그리스도께서는 "이 지상 세계의 중심이자 영원한 약속의 비밀 봉인"이라고 라너는 말한다.[17] 땅은 우리의 어머니이고, 우리는 땅의 자녀이며, 땅을 사랑하도록 부름을 받았다. 하느님의 생명이 땅 안에 있으므로 우리는 이 땅을 떠나 하느님께로 향한다고 생각할 필요가 없다. 하느님의 생명이 그 안에 있기 때문이다. 땅은 부활하신 분의 몸이거나, 부활하신 분의 몸이 될 것이다. 우리의 소명은 땅을 사랑하고 하느님을 함께 사랑하는 것이다. "주님의 부활을 통해, 하느님은 땅을 영원히 받아들이셨음을 보여 주셨다."[18] 하느님은 예수의 삶과 죽음, 부활을 통해 우리에게

---

[16] Ibid., 56-57.
[17] Ibid., 57.
[18] Ibid., 58.

육체로 오셨고, 그 이후로 "어머니 지구는 변화될 피조물만을 낳았는데, 이는 그의 부활이 모든 육체의 부활의 시작이기 때문이다."[19] 라너는 동물과 식물에 대해 명시적으로 언급하지는 않지만, 어머니 지구가 낳은 모든 피조물을 이 약속된 변화에 포함시킨 것은 주목할 만하다.

진화 세계 속에서의 육화

라너는 자신의 신학 연구 전반을 통해 과학적 우주론과 진화생물학에서 떠오르고 있는 새로운 관점에서 육화를 새롭게 이해할 필요가 있다고 보았다.[20] 그는 전통 신학이 고착된 세계관을 전제했지만, 우리는 이제 우주의 역사에서 물질이 땅의 최초 생명 형태로 전환되고, 초기 형태의 생명체에서 사람속屬, homo의 다양한 종으로 그리고 복잡한 뇌를 가진 현대 인간으로의 거대한 전환이 있었다는 것을 알 수 있다고 지적한다. 이 때문에 라너는 다음과 같은 질문을 던진다. "우리가 살고 있는 이 세상의 진화론적 관점에 비추어 볼 때, 우리는 육화를 어떻게 생각해야 하는가?"

---

[19] Ibid.
[20] 예를 들어, "Christology within an Evolutionary View of the World," *TI*, 6:157-92 참조.

라너는 이 질문에 답하기 위해 두 가지 근본적인 전제를 제시한다. 첫 번째는 인간이 하나의 상호 연결된 세상에 속해 있으며, 그들은 진화하는 생물학적 및 물질적 세계의 진화적, 생태적 상호 관계 속에서만 존재한다는 것이다. 독특한 의식과 자유를 지닌 인간의 정신은 철저하게 물질과 관련된 것으로 등장한다. 그래서 라너는 생물학적으로 조직화된 물질에 대해 "지속적으로 증가하는 복잡성과 정신을 향하는 내면성으로 정향되어 있다."고 말한다.[21] 하느님의 창조적 영의 이끄심으로 물질은 스스로를 초월하여 자신을 의식하는 영이 된다. 라너의 관점에서 볼 때, 하나의 우주로서의 일치와 물질과 영의 일치는 그리스도론에 직접적인 의미를 갖는다. 이런 종류의 근본적인 일치는 육화가 단지 예수의 독립적인 인성과 관련해서만이 아니라 창조 세계 전체의 근본적인 잠재성을 포함하여 우주의 물질과 로고스의 위격적 결합을 포함한다는 이해를 뒷받침한다. 라너는 물질과 육체와 의식이 하나의 세계를 이루는 이러한 일치에 대해 "로고스의 육화로 인해 세계의 모든 실재가 필연적으로 그 뿌리까지 영향을 받는 이유는 물질이 근본적으로 그리고 처음부터 하나의 것으로 이해되어야 한

---

[21] Karl Rahner, "Christology in the Setting of Modern Man's Understanding of Himself and of His World," *TI*, 11:215-29, at 218.

다는 사실 때문"[22]이라고 말한다.

라너의 두 번째 근본적인 전제는, 많은 신학자가 육화의 이유를 단순히 죄 많은 인류의 구원으로만 보았지만 그는 둔스 스코투스Duns Scotus, 1266년경~1308년를 비롯한 다른 여러 신학자와 관련된 전통을 고수하고 있다는 것이다. 그것은 곧, 하느님의 창조가 처음부터 육화를 지향한다는 것이다. 인간의 죄와 상관없이, 피조물의 세계를 창조하신 하느님의 뜻은 육화를 통해 하느님 자신을 언제나 자유롭게 피조물에게 내주어 그들을 완성으로 이끄는 것이다.[23] 하느님은 말씀의 육화를 통해 그리고 성령을 내려 주시는 것을 통해 피조물에게 하느님 자신을 내주기 위해 세상을 창조하신다. 하비 이건Harvey Egan은 라너의 신학을 가장 간략하게 요약한다면 "하느님은 자기 자신을 전달하기 위해 창조하시고, 피조물은 하느님의 무상의 선물인 하느님 자신을 받기 위해 존재한다는 스코투스의 견해를 창조적으로 전유한 것"이라고 썼다.[24]

피조물 세계의 창조는 처음부터 신적이지 않은 것에 하느님 자신을 부여하려는 하느님의 의지의 한 요소이다. 곧, "이

---

[22] Ibid., 219.

[23] Ibid.

[24] Harvey D. Egan, "Theology and Spirituality," in *The Cambridge Companion*, 13-28, at 16.

세계는 본디 로고스가 신적이지 않은 것에 자신을 발현하는 행위에서 요구되는 환경, 수반되는 설정, 바로 그 물질성 자체를 구성한다."[25] 이것은 육화와 은총을 통해 하느님이 자신을 내주시는 것이 창조에 뒤이어 추가되는 것이 아님을 의미한다.

> 오히려, '무로부터' 신적이지 않은 것을 구성한 것으로 간주되는 창조는 그가 '외부 세계에' 자신을 부여하시는 최상의 가능성이 실현되기 위한 사전 설정이자 조건으로 드러난다. 그것은 그가 자신과는 다른 어떤 존재를 구성하는 것이 아니라, 그 자신을 내줌으로써 자신을 증여하는 아가페로서 실질적으로 그 자신을 드러내시는 행위이다.[26]

라너는 그리스도교가 항상 구원의 역사를 개념화해 왔지만, 최근까지 그것은 정적인 물질적, 생물학적 세계를 무대로 펼쳐지는 것으로 이해되어 왔다고 지적한다. 하느님은 피조물에게 깊이 현존하며, 피조물의 존재를 보존하고 (보존 개념), 피조물의 활동에 협력하는(협력 개념) 존재로 여겨

---

[25] Rahner, "Christology in the Setting," 220.
[26] Ibid.

졌다. 라너의 공헌은 피조물에 대한 하느님의 창조적 현존이 피조물 자체 안에서 본질적으로 새로운 실체를 만들어 낼 수 있게 한다는 것이다.

이 관점에 따르면, 하느님의 창조적 현존은 라너가 자기초월이라고 부르는 과정을 통해 피조물의 세계에서 진정한 존재가 되는 것을 가능하게 한다.[27] 과거의 신학이 하느님의 내재적 현존과 능력을 "사물의 영속적 질서를 보존하고 유지하는 것"으로 보았다면, 우리의 진화론적 의식은 "되어감becoming으로서의 세계 안에서 신적 역동성이 내재적으로 현존하심"[28]을 보여주는 신학을 요구한다. 자기초월의 자아란 이 능력이 피조물의 현실 안에서부터 비롯된다는 것을 의미한다. 하느님께서는 피조물과의 관계 안에서 피조물 스스로 경계를 넘어 새로운 영역으로 넘어갈 수 있는 능력을 부여하신다. 하느님께서는 창조성과 새로움에 대한 자신의 능력을 세상에 부여하신다. 그러므로 하느님의 창조적 현존은 세상의 되어감을 가능하게 하는 힘으로 이해된다.

피조물의 자기초월을 가능하게 하는 것은 바로 말씀과

---

[27] 예를 들어, Karl Rahner, *Foundations*, 183-87; "Evolution," in *Encyclopedia of Theology: A Concise Sacramentum Mundi*, ed. Karl Rahner (London: Burns and Oates, 1975), 478-84 참조.

[28] Rahner, "Christology in the Setting," 219.

성령을 통한 하느님의 자기베풂이다. 라너의 통찰은 피조물에 대한 고전적 신학을 변화시켜 새로운 진화적 시대에 기능할 수 있도록 한다. 이러한 통찰은 피조물과 함께하는 것을 기뻐하시고, 점점 복잡해지는 피조물 실재의 등장에 기뻐하시는 창조주에 관한 새롭고 깊은 통찰을 제공한다.

이 과정이 성령의 은총과 말씀의 육화에서 절정에 이른다는 관점에서 이해될 때 하느님께서는 이 일치된 전체 역사 속에서 피조물에게 자신을 내주신다는 것을 알 수 있다. 라너에게 이것은 "하느님 자신의 실재가 최고로 구체화되어 세상에 부여된다."는 것을 의미한다. 라너는 하느님의 신적 초월성을 손상시키지 않으면서 하느님께서 피조물의 구성이 되시는 하느님의 자기증여를 준형식적 인과성 quasi-formal causality이라고 부른다.[29]

자기초월의 신학은 라너의 창조신학과 그의 진화적 그리스도론 사이의 중요한 구조적 연결고리가 된다.[30] 피조

---

[29] Ibid., 225.

[30] 라너는 인간 영혼 창조에 관한 자신의 신학에서 이 개념을 활용한다. *Hominisation: The Evolutionary Origin of Man as a Theological Problem* (New York: Herder and Herder, 1968); "Evolution," in *Encyclopedia of Theology*, 478-88. 또한 그는 이 개념을 종말론에 대한 자신의 이해 속에서도 활용한다. "Immanent and Transcendent Consummation of the World," *TI*, 10:273-92; "A Fragmentary Aspect of the Theological Evaluation of the Concept of the Future," *TI*, 10:235-41과 "The Theological Problems Entailed in the Idea of the 'New Earth,'" *TI*, 10:260-72 참조.

물의 자기초월을 통해 하느님이 피조물의 세계를 창조하시는 자기증여적 사랑의 신적 행위는 항상 육화에 중심을 두고 있다.[31] 그러므로 육화는 피조물에 대한 하느님의 자기베풂의 절정일 뿐만 아니라 피조물이 하느님을 향해 자신을 초월하는 것의 절정이기도 하다.

예수는 인간으로서 우리 모두와 마찬가지로 생물학적 진화의 산물이다. 그러나 우리와 달리 예수는 물질에서 생명으로, 생명에서 자의식을 가진 인간으로, 자의식적 피조물에서 하느님으로 자기를 초월하는 과정의 유일무이하고 불가해한 정점으로 볼 수 있다. 라너는 우주가 그 시작부터 창조주와의 역동적이고 의식적인 관계를 지향하는 힘에 의해 형성되었다고 본다. 우주의 목표는 하느님과의 소통이다. 예수는 그의 삶과 사역을 통해 쏟아 부은 사랑, 궁극적으로 십자가에서 표현된 근본적인 사랑으로 하느님께 응답한 피조물이다. 그러므로 예수는 그의 인성의 관점에서 볼 때, 피조물이 하느님께 이르는 유일하고 고유한 자기초월의 구현이다.

예수의 신성의 관점에서 볼 때, 예수는 피조물 세계에 대한 하느님 자기베풂의 유일무이하고 되돌릴 수 없는 정점

---

[31] See Rahner, *Foundations*, 178-203; "Christology within an Evolutionary View of the World," *TI*, 5:157-92.

이다. 라너에게 있어서 예수는 "절대적 구원자"[32]이다. 예수는 피조물에 대한 하느님의 돌이킬 수 없는 자기증여이고, 그의 인간적인 삶과 죽음은 하느님께 보내는 근본적인 응답이기 때문이다. 예수는 하느님의 용서, 치유, 해방 그리고 피조물에 대한 사랑의 포옹이자 하느님을 향한 피조물의 무조건적인 "예!"이다. 육화하신 말씀은 피조물의 세계에 대한 하느님의 돌이킬 수 없는 자기베풂이면서 이 자기베풂을 피조물이 결정적으로 받아들인 것이다.

부활하신 그리스도의 부활과 승천으로 예수의 피조물적 실재는 온전히 하느님 안으로 받아들여지고, 돌이킬 수 없는 방식으로 하느님의 실재로 취해졌으며, 전체 피조물 변화의 시작이자 약속이 되었다. 라너는 육화하신 말씀의 첫 번째와 두 번째 오심을 하나의 통일체로 보고 있다.

> 아직 충만함을 완성하는 과정에 있는 하나의 사건으로서, 그 안에서 예수의 삶과 죽음과 부활은 단지 사건의 첫 시작일 뿐이며, 이 사건은 온 세상이 하느님의 즉각적인 현존에 의해 비춰지고 또 그 현존을 마주하게 될 때 그리고 이러한 의미에서 예수 자신이 "다시 오실 때", 그때 비로소 그것의 충만함과 결정적인 상태에 도

---

[32] Rahner, *Foundations*, 195.

달하게 될 것이다.[33]

이것은 그리스도의 몸에 대한 라너의 두 번째 신학적 입장과 연결된다. 곧, 그리스도는 교회이며 궁극적으로는 창조된 온 세계 그 자체인 머리이자 몸으로서 하나이고 온전한 그리스도를 구성한다고 파악될 때에만 올바르게 이해될 수 있다.[34]

부활과 온 우주의 변화

라너는 1950년대에 부활의 의미를 탐구하며 쓴 글에서, 구원에 대한 율법적 개념을 가진 서방 신학이 인간의 죄에 대한 대속으로서의 십자가에 초점을 맞춤으로서, 부활을 거의 완전히 간과하는 경향이 있었다고 지적한다.[35] 반면에 동방에서는 예수 그리스도의 삶과 죽음, 부활이라는 사건 전체가 죄의 용서뿐만 아니라 죽음을 극복하고 하느님과의 관계를 가능하게 하는 것으로 이해된다고 썼다. 이는 인간의 변화를 포함하며, 인간과 더불어 전체 피조물의 변

---

[33] Rahner, "Christology in the Setting," 228.
[34] Ibid.
[35] Rahner, "Dogmatic Questions on Easter," *TI*, 4:121-33.

화를 포함하기 때문에, 육화에서 시작된 구속은 "세상의 신화"를 포함하는 것으로 간주된다.[36]

라너는 예수의 죽음을 하느님에 대한 사랑과 순명으로 살았던 그의 삶 전체가 자유 안에서 완성되는 마지막 행위로 본다. 그것은 단순히 여러 행위 중 하나의 행위에 불과한 것이 아니라, "그리스도 행위의 총체, 그분 자유의 결정적인 행위, 그분의 지상에서의 시간과 그분의 인간적 영원성의 완전한 통합"[37]이다. 부활은 예수의 죽음 이후에 일어난 사건일 뿐만 아니라, 그분의 죽음 안에서 일어난 것에 대한 표현으로, 자신의 모든 육체적 존재를 하느님의 사랑의 신비에 내드림으로써 하느님께 온전히 받아들여지는 것이다. 예수의 십자가를 통하여, 이 세상의 일부가 완전한 사랑과 순종으로 자유로우면서도 철저하게 하느님께 자신을 내드리고, 하느님 안으로 온전히 받아들여진다. 라너는 이 사건을 온 피조물 전체를 구원하고 변화시키는 사건으로 본다. "이것이 바로 부활이며, 세상의 구속이다."[38]

예수의 부활을 통해 하느님은 본질적으로 그리고 돌이킬 수 없이 피조물의 실재를 하느님 자신의 실재로 받아들

---

[36] Ibid., 126.
[37] Ibid., 128.
[38] Ibid.

인다. 이것은 하느님의 원초적 행위로 인해 발생하며, 이는 말씀의 육화와 예수의 삶과 죽음으로 표현되고, 결국 예수의 피조물적 실재를 변화시키는 부활로 절정에 이른다. 라너는 하나의 신적인 계획 안에서 하느님으로부터 비롯된 세상의 일치로 인해, 십자가에 못 박힌 예수의 이러한 변화는 온 세상을 위한 사건이라고 말한다. 육체적, 생물학적, 인간적 세계의 일부로서 예수 안에서 일어난 일은 법적으로만 "온 실재의 영광과 신화의 태초적 최종 시작"[39]이 아니라 존재론적으로도 그렇다.

창조와 구원의 육화가 하나의 신적 자기베풂 행위의 양태로서 근본적으로 일치된 세계에서, 부활은 피조물의 우주를 창조하는 데 있어서 하느님의 뜻이 완성되는 되돌릴 수 없는 시작으로 이해될 수 있다. 라너는 부활을 "존재론적으로 상호 연결된 사건으로서 세계 변화의 시작"으로 본다.[40] 그는 부활하신 그리스도를 "세계의 완전한 완성을 약속하고 그 시작을 알리는 존재"이며 "새로운 우주의 대표자"라고 말한다.[41] 부활하신 그리스도는 이미 온 우주에서 미래의 약속이자 현실로서 활동하고 계신다. 부활하신 그

---

[39] Ibid., 129.
[40] Rahner, "Resurrection," in *Encyclopedia of Theology*, 1438-42.
[41] Ibid., 1442.

리스도는 "영광을 받지 못한 몸의 제한된 개별성"에서 해방되셨고, 영광스럽고 새로운 상태로 이미 모든 피조물 안에 현존하신다.[42] 그러므로 그분이 영광스럽게 다시 오실 것이라고 생각하는 것은 이미 일어나고 있는 피조물과의 변화하는 관계에 대한 분명한 계시일 것이다. 곧, "예수께서 그의 부활로 완성하신 이 관계가 세상에 드러나는 것"이 될 것이다.[43]

라너의 관점에서 보면, 현대 우주론은 신학자들이 우주의 최종 상태에 대해 생각하는 데 도움이 된다. 우주를 일련의 영역으로 생각했던 과거에는 영원한 삶을 일상적인 영역에서 천상의 영역으로 이동하는 것으로 상상할 수 있었다. 그러나 진화하는 우주에 대한 현재의 과학적 관점으로 인해, 우리는 하느님이 주신 전체 우주의 최종 상태를 더 잘 이해할 수 있게 되었다. 그러나 라너는 지구의 종말과 전체 우주의 최종 상태에 대한 음울한 과학적 예측으로부터 그리스도교 종말론으로 쉽게 전환할 수 없다는 것을 알고 있다. 그의 견해에 따르면, 우주의 완성은 오직 하느님의 변혁적 행위를 통해서만 가능하나, 우리는 이에 참여하도록 부름을 받았다고 한다. 우리의 기여, 정의와 평화를 위한 우리의 헌신,

---

[42] Ibid.
[43] Ibid.

사랑의 행위, 기도, 작지만 충실한 실천까지도 새로운 창조에 포함될 것이다. 이 새로운 창조는 하느님의 행위이지만, 타인, 이 땅의 가난한 사람들, 이 행성의 생명 공동체를 향하여 우리 자신을 헌신하는 자기초월을 포함할 것이다.[44]

라너는 그리스도의 두 번째 오심이 인간뿐만 아니라 인간이 속한 모든 피조물의 세계와 관련이 있다고 본다. 그것은 불변의 세상에서 인간만을 위해 일어나는 것이 아니라 실재 전체의 근본적인 변화를 수반하는 것이다. 우주는 부활하신 그리스도가 이미 지니신 실재에 참여함으로써 그 완성에 도달할 것이다. "세계 전체가 그분의 부활과 그분 몸의 변화로 흘러 들어가고", 그리하여 그리스도는 "모든 실재에게 그리고 그 안에서 고유한 방식으로 부분 부분의 모든 이에게, 모든 세계와 모든 역사의 가장 내밀한 비밀로서 드러날 것이다."[45]

라너는 인간의 육체적 부활과 우주의 변화는 함께 이해되어야 한다고 주장하지만, 우리의 미래와 우주의 미래는 불가해한 하느님의 신비 속에 있으므로 우리의 상상과 이해를 넘어서는 것이라고 확신한다. 우리가 가진 것은 명확한 그림이 아니라 십자가에 못 박히신 그리스도의 부활에

---

[44] 자세한 내용은 각주 30)에 언급된 종말론에 관한 글을 참조.
[45] Karl Rahner, "The Resurrection of the Body," *TI*, 2:203-216, at 213.

담긴 하느님의 깨지지 않는 약속이다. 그리스도 안에서 부활은 죽은 몸의 부활이 아니라 근본적인 변화로 드러난다. 1코린 15,44 하느님이 주신 우주의 변화에 대해 라너는 "그렇다면 새로운 실재를 새 하늘 또는 새 땅이라고 부르는 것이 똑같이 옳을 것이다."[46]라고 말한다.

라너는 우주의 물질이 사라지는 것이 아니라 그리스도 안에서 진정한 완성에 도달하는 것으로 보기 때문에, 그리스도인들은 물질을 깊이 존중해야 한다고 말한다. 그리스도교인들이야말로 진정한 물질주의자이다. 곧, 그들은 정말로 "가장 숭고한 물질주의자이다. … 스스로를 물질주의자라고 부르는 사람들보다 더 노골적인 물질주의자이다."[47] 우주의 물질도 "우리가 죽음으로 경험하는 그 과정에서의 두려움과 떨림으로만 느낄 수 있는 그 깊이"[48]의 근본적 변화를 겪게 될 것이다. 그러나 라너는 그리스도인들이 부활과 승천에 대한 확신 때문에, 물질이 영원히 지속될 것이며 그리스도 안에서 영원히 영광을 누릴 것이라는 생각에 전념하고 있다고 보았다. 이 세상의 물질에 대한 이러한 변화는 그리스도 안에서 이미 시작되었으며, 이미 "그것

---

[46] Ibid., 215.
[47] Rahner, "The Festival of the Future of the World," *TI*, 7:181-85.
[48] Ibid., 183.

이 드러날 정도로 성숙되고 발전하고 있다."[49]

외계 생명체

자연 세계에 대한 라너의 생각은 주로 우리 지구에 초점을 맞추었지만, 그는 천문학과 우주론이 우리에게 알려 주는 우주의 크기와 관측 가능한 우주에 있는 수십억 개의 은하계에 대한 내용도 성찰하며, 그것이 "우주적 현기증"을 유발할 수 있다고 말한다. 물론 그가 허블 망원경의 데이터를 기반으로 관측 가능한 우주에 2조 개의 은하가 있을 수 있다는 최근의 추정치와 다중 우주의 가능성을 제기하는 우주학자들의 주장을 들었다면 더 심한 현기증을 느꼈을 것이다. 라너는 우주적 현기증을 우리의 신학적, 종교적 인식의 발전 요소로 언급한다. 그것은 그가 일차적인 신학적 자료로 간주하는, 불가해한 하느님의 신비를 인식하게 할 수 있다. 곧, 상상할 수 없는 우주의 크기는 근본적으로 불가해한 하느님의 신비에 대한 "신학적 자료에 대해서 어느 정도로는 공간적 대응물일 뿐"[50]이다. 그는 이러한 우주를 경험함으로써 우리 인간의 우연성과 피조성에 대한 깊은

---

[49] Ibid., 184.

[50] Karl Rahner, "Natural Science and Reasonable Faith," *TI*, 21:16-55, at 50.

종교적 감각을 얻을 수 있다고 주장한다.

천문학자들은 오래전부터 태양 이외의 다른 별 주변에도 행성이 존재할 것이라고 믿어 왔지만, 최초의 외계 행성은 1992년에야 발견되었다. 그 이후로 점점 더 많은 외계 행성이 발견되고 있다. 대부분은 목성과 같은 거대 가스 행성이며, 생명체가 살 수 있는 지구와 비슷한 행성은 극소수에 불과하지만, 이런 맥락에서 외계 생명체의 존재 가능성과 그것이 신학에 미치는 의미를 묻는 것은 자연스러운 일이다. 또한, 최근 산성 환경, 극한의 고온이나 저온과 같은 조건에서도 번성할 수 있는 미생물 형태의 생명체인 극한 환경 미생물이 발견되면서, 생명체가 존재할 수 있는 우주 공간에 대한 우리의 시각을 근본적으로 확장해야 한다는 사실을 깨닫게 되었다. 외계 생명체에 대한 질문은 동시대 많은 현대인에게 중요한 문제이다.

이것은 새로운 질문이 아니라 아주 최근의 토마스 오메아라Thomas O'Meara를 포함한 철학자와 신학자들이 오랜 기간 다루어 온 질문이다.[51] 라너는 "별에 사는 사람들"에 관

---

[51] Thomas O'Meara, *Vast Universe: Extraterrestrials and Christian Revelation* (Collegeville, MN: Liturgical, 2012). Michael Crowe, *The Extraterrestrial Debate*, 1750-1900 (Cambridge: Cambridge University Press, 1986); *The Extraterrestrial Debate, Antiquity to 1915* (Notre Dame: University of Notre Dame Press, 2008) 참조. 또한 Steven Dick, ed., *Many Worlds: The New Universe, Extraterrestrial Life and the Theological Implications* (Philadelphia: Templeton Foundation,

한 초기 백과사전 기사에서 이 문제에 대해 몇 번 언급했고, 나중에 그의 《신학 탐구》*Theological Investigations* 21권의 "자연과학과 합리적 신앙"에 관한 논문에서 그리고 《그리스도교 신앙 입문》*Foundations of Christian Faith*의 몇 단락에서도 이 문제에 대해 여러 번 간략하게 언급했다.[52] 라너의 견해에 따르면, 그리스도교 신학은 외계 생명체의 존재 여부에 대해 아무 말도 할 수 없다. 성경의 원천은 우리가 살고 있는 세상과 하느님과의 관계에만 관심을 두고 있다. 창조주의 절대적 초월성과 불가해한 신비를 고백하는 그리스도교는 하느님이 우주의 다른 부분이나 다른 가능한 우주에서 무엇을 하실지 또는 하지 않으실지에 대해 안다고 주장할 수 없다. 우리는 다른 행성에서 생명체가 진화할 수 있다는 생각을 배제할 수 없다. 라너는 "창조주 하느님이 우주의 다른 지점에서 의식을 가진 생명체의 가능성이 직접적으로 존재할 정도로 우주적 발전을 이끌어 가다가, 그 후 임의로 그 발전을 중단시킨다는 것은 인간중심적인 생각일 것"[53]이라고 말한다. 그러므로 그리스도인은 하느님

2000); and David Wilkinson, *Science, Religion, and the Search for Extraterrestrial Intelligence* (Oxford: Oxford University Press, 2013) 도 참조.

[52] Karl Rahner, "Sternenbewohner, Theologisch," in *Lexikon fur Theologie und Kirche* (Freiburg: Herder 1964), 9:1061-62; "Natural Science and Reasonable Faith," 51-52; *Foundations*, 445-46.

[53] Rahner, "Natural Science and Reasonable Faith," 50.

의 창조 행위가 다른 행성에서 자의식과 자유를 가진 피조물의 진화를 가능하게 할 수 있는 가능성에 대해 열린 마음을 갖는 것이 적절하다.

만약 그러한 피조물이 존재한다면 그리스도교 신학은 두 번째 질문을 던져야 한다. 우리는 그들을 하느님의 은총의 품에 안긴 것으로 볼 수 있는가? 하느님께서는 그들에게도 성령을 통하여 자기를 내주는 사랑으로 오시는가? 그들 또한 은총의 역사를 가질 수 있다고 기대할 수 있는가? 라너는 이렇게 말한다. "육체와 영을 가진 이러한 피조물들이 (은총의 자의성에도 불구하고) 하느님께 직접적으로 향하는 초자연적 운명을 타고났다고 보는 것이 타당하다고 말할 수 있겠지만, 우리는 물론 이러한 피조물들에 관하여 추정 가능한 자유의 역사에 대해서는 아무것도 알 수 없다."[54] 그리스도인들은 하느님의 자기증여가 그들 자신의 역사 안에서 그들의 자유로운 인간적 반응으로 향하고 있으며, 궁극적으로는 온 우주의 완성을 향한 것이라고 믿는다. 하느님의 자유로운 자기증여가 다른 행성의 지적이고 자유로운 거주자들을 위한 또 다른 은총의 역사도 포함할 수 있다는 생각을 배제할 이유가 없다.

하느님의 성품에 대해 우리가 알고 있는 것을 바탕으로,

---
[54] Ibid., 51.

외계 생명체도 그들만의 창조와 은총의 경륜을 경험할 수 있다고 말할 수 있다. 우리는 그러한 은총과 죄의 이야기의 역사에 대해 아무것도 말할 수 없지만, 우리가 근본적으로 신실하시고 관대하시다고 알고 있는 하느님이 타자들에게도 그러하실 것이라고 믿을 만한 충분한 이유가 있다는 것만은 말할 수 있다.

다른 행성에서의 육화에 대해 무엇을 말할 수 있을까? 라너는 우리가 이것을 실제 가능성으로 열어 두어야 할 필요가 있다고 생각한다. "하느님 자신의 불변성과 하느님과 로고스의 일치를 고려할 때, 다양한 구원의 역사 속에서 여러 번의 육화가 절대적으로 불가능하다고 주장할 수는 없다."[55] 하느님께서 말씀과 성령을 통해 여러 구원의 역사 속에서 활동하고 계실 가능성이 있다면, 우리는 우주의 곳곳에서 많은 자유의 역사들을 포용하고 완성하는 종말론적 미래를 생각할 필요가 있을 것이다.

> 자유를 성취하는 것이 의미이자 목표인 하나의 전체로서의 물질적 우주는 언젠가 물질적, 영적 우주에 대한 하느님의 자기통교의 충만함으로 흡수될 것이며, 이것은 우리 지구에서만 일어나는 일이 아니라 수많은 자유

---

[55] Ibid.

의 역사를 통해 일어날 것이라는 생각으로 나아갈 것이다.[56]

따라서 외계 생명체와 하느님의 관계에 대한 라너의 입장은 겸손한 편이다. 그는 신학은 하느님 피조물의 일부로서 그들의 존재 가능성에 대해 열려 있어야 하며, 그들만의 은총 이야기, 그들만의 육화, 종말론적 완성 안에서 우리와 함께하는 그들만의 참여가 있을지도 모른다고 제안한다. 신학자들은 하느님께서 외계 생명체와 관련하여 어떻게 자유롭게 행동하실 수 있는지 정확히 알 수 없다. 그러나 하느님의 창조에 그러한 피조물들이 포함되어 있다면, 우리 자신이 육화와 은총의 경험을 통해 만나는 것과 똑같은, 관대하고 아낌없는 사랑으로, 그들에게도 말씀과 성령 안에서 하느님 자신을 내주실 것이라고 믿을 만한 충분한 이유가 있다.

라너와 깊은 육화: 중요한 차이, 공명, 통찰

이 장에서는 칼 라너의 사상과 깊은육화신학 사이에 많은 공감이 있음을 보여 주었을 뿐만 아니라, 신학 전통 안에서 깊은 육화의 토대가 될 수 있는 라너 신학의 통찰을

---

[56] Rahner, *Foundations*, 445.

보여 주었다. 그러나 몇 가지 중요한 차이점도 존재한다.

중요한 차이

- 라너는 그리스도를 통한 구원이 온 우주의 변화를 포함하며, 그리스도 안에서 인간이 자연 세계의 나머지 부분과 깊게 연결되어 있다고 보지만, 생태위기가 흔히 인간에게만 초점을 맞추고 동물이나 식물의 생명에는 거의 그러지 않는다는 점을 예견하지 못했다.
- 라너의 신학은 고통받는 피조물과 함께 고통받는 하느님에 관한 신학의 방향으로 발전할 수 있는 자원을 제공하지만, 그는 명확하게 이 길을 택하지는 않는다.[57]

공명과 통찰

- 하느님의 자기증여적 사랑의 행위로 통합된 창조와 육화에 대한 라너의 포괄적인 비전은 깊은 육화의 기초로 볼 수 있다. 이 삼위일체적 비전을 통해, 하느님은 생명을 주시는 성령과 나자렛 예수 안에서 육신이 되신 말씀을 통해 하느님 자신을 피조물에게 내주신다. 피조물의 진화적 자기초월을 가능하게 하는 것은 하느님의 자기

---

57 See Karl Rahner, "Why Does God Allow Us to Suffer?" *TI*, 19:194-208.

증여이다. 예수는 하느님에 대한 피조물의 자기초월인 동시에 피조물에 대한 하느님의 근본적 자기증여로 이해될 수 있다.

- 라너는 깊은 육화가 피조물의 세계를 창조하시는 하느님의 의도였다고 확신한다.
- 하느님은 하느님 자신으로는 변하지 않지만, 타자 안에서, 피조물 안에서는 변할 수 있다. 사랑이신 하느님은 자신을 내주는 사랑을 통해 하느님 자신으로부터 나오신다. 하느님은 언제나 사랑의 충만함이시지만, 이 사랑은 피조물에게 자유로이 자신을 내주는 케노시스적 사랑을 포함할 수 있는 사랑이다.
- 라너가 예수께서 그의 죽음을 통해 땅의 가장 깊은 곳, "모든 것이 연결되어 있고 하나이며, 죽음과 땅의 무상함의 자리인 모든 지상 사물의 중심으로 들어가셨다."[58]고 할 때, 그것은 현대의 깊은육화신학에 근접하는 것이다. 예수께서는 신적인 부활 생명을 불어넣기 위해 이 땅의 중심부로 들어가셨다.
- 그리스도를 통해서 모든 것이 취해지고, 모든 것이 구원받고, 모든 것이 변화되고, 모든 것이 신화에 참여한다는 라너의 주장은 깊은 육화와 궤를 같이 한다.

---

[58] Rahner, "A Faith That Loves the Earth," 54.

- 하나의 우주라는 근본적인 일체성에 대한 라너의 견해는 육화가 "예수의 독립된 인성뿐 아니라, 우주 그 자체의 물질과의 그리고 전체 피조물의 근본적 잠재성과의 로고스의 위격적 결합"[59]을 포함한다는 그의 이해를 뒷받침한다.
- 부활하신 그리스도는 여전히 이 땅과 그 운명의 일부로 남아 계시며, 그의 현존을 통해, 변화된 피조물의 새로운 힘이 이미 그 핵심에서 무상함과 죽음, 죄를 정복하고 있다. 교회뿐만 아니라 모든 피조물이 그리스도의 몸이 되어가고 있다.
- 부활은 인간뿐만 아니라 온 우주 만물을 위한 변화와 완성의 약속이다. "어머니 지구는 변화될 피조물만을 낳았다. 왜냐하면 예수의 부활은 모든 육신의 부활의 시작이기 때문이다."[60]
- 육화 그리고 부활과 승천을 통한 육화의 절정은 하느님이 영원히 물질과 육체의 하느님이심을 의미한다는 라너의 확신에서 깊은 육화의 중요한 주제를 찾아볼 수 있다.
- 깊은 육화는 지성과 사랑을 지닌 피조물이 다른 행성에

---

[59] Rahner, "Christology in the Setting," 219.
[60] Rahner, "A Faith That Loves the Earth," 58.

서도 그들 자신의 경륜을 가지고 존재할 수 있다는 라너의 주장을 받아들일 수 있으며, 여기에는 성령의 은총과 그들만의 말씀의 육화가 포함될 수 있다.

5

십자가
피조물과 함께하시는 하느님의 구속 고난의 성사

이 책의 첫 번째 장에서 나는 다섯 명의 진화론적 생태신학자인 닐스 그레게르센, 엘리자베스 존슨, 실리아 딘 드러몬드, 크리스토퍼 사우스게이트, 리처드 보컴의 연구에 나타난 깊은 육화에 대해 논했다. 그리고 나서 온전한 육화신학을 펼친 위대한 증인인 리옹의 이레네우스, 알렉산드리아의 아타나시우스, 칼 라너 세 사람을 소개하면서, 그들의 연구가 어떻게 깊은 육화에 관한 신학 발전에 기여하거나, 비판하거나, 뒷받침할 수 있는지를 살펴보았다.

본 장에서는 이미 논의된 신학자들의 통찰과 관련하여 깊은 육화에 대한 신학을 좀 더 탐구하는 것으로 마무리하려 한다. 여기서는 다섯 가지 신학적 입장이 취해진다. (1) 육화를 일으키시는 분은 성령이다. (2) 우주적, 진화적, 생태적 관계는 말씀이 육신이 되시는 것을 구성한다. (3) 하느님은 고통받는 피조물과 함께 고난을 겪으시는 분이라고 말할 수 있다. (4) 그리스도의 십자가는 피조물과 함께하시는 하느님의 구속 고난의 성사이다. (5) 부활은 모든 피조물을 보듬으시는 하느님의 치유와 완성의 약속이다. 마지막으로, 깊은육화신학이 프란치스코 교황의 회칙 《찬미받으소서》에 관한 토론에 영향을 미칠 수 있는 두 가지 공헌에 관해 간략하게 성찰하면서 마무리할 것이다.

육화를 일으키시는 성령

최근 신학의 특징 중 하나는 서방 신학 및 교회의 관행이 성령의 신학을 무시하거나 최소한의 방식으로만 다루는 경향이 있다는 것을 인식한 것이다. 이에 대해 이브 콩가르Yves Congar, 위르겐 몰트만Jürgen Moltmann, 발터 카스퍼Walter Kasper를 비롯한 많은 신학자들이 온전히 성령적이며 충분히 삼위일체적인 신학으로 돌아갈 것을 요청해 왔다. 콩가르는 "말씀과 성령이 함께 하느님의 일을 한다."[1]고 말함으로써, 이런 종류의 신학에 대한 기본 공리를 제시한

---

[1] Yves Congar, *The Word and the Spirit* (London: Geoffrey Chap-man, 1986), 21-41.

다. 성령에 대한 신학적 회복의 맥락에서, 깊은 육화에 관한 현대의 생태적, 진화적 신학이 오로지 하느님의 말씀에만 초점을 두는 것으로 보인다면, 그것은 분명히 도움이 되지 않는 시도일 것이다. 깊은육화신학에 참여하는 다른 사람들과 마찬가지로, 나는 우리 시대의 진화적이며 생태적인 신학은 피조물이 우주에 출현하는 것을 통해서 창조적으로 활동하시는 성령의 신학이 되어야 한다고 확신한다. 깊은 육화는 말씀과 성령의 삼위일체신학이 되어야 할 필요가 있다.

이러한 확신을 공유하는 신학자로서, 닐스 그레게르센, 엘리자베스 존슨, 실리아 딘 드러먼드를 포함하여 깊은 육화를 연구하는 모든 신학자들은 깊은 육화에서 성령의 근본적인 역할을 다루었다. 지난 세 장에서 나는 논의에 오른 신학자들의 말씀과 성령의 관계에 대한 핵심적인 신학적 통찰에 주목했다. 하느님은 항상 말씀과 성령이라는 두 손으로 행동하신다는 이레네우스의 확신, 성부께서는 성령 안에서 말씀을 통해 만물을 창조하시고 새롭게 하신다는 아타나시우스의 공리, 창조와 구원의 육화 모두에서, 하느님은 말씀을 통해 그리고 성령을 통해 피조물에게 하느님 자신을 내주신다는 칼 라너의 구조적 신학 원리가 그것이다. 이 세 가지 원리를 종합하면 다음과 같이 말할 수 있다. 하느님은 창조와 그리스도 안에서의 새 창조 안에서 말씀과 성령, 곧 하느님의 두 손을 통해 하느님 자신을 피조물에게 내주신다는 것이다.

성령은 창조와 구원의 역사에 하느님의 말씀과 함께하는 하느님의 숨결이다. 두 가지 모두에서 성령은 신경Creed이 선포하듯이 생명을 부여하는 분이자, 피조물이 새로운 존재가 되도록 하는 분이다. 성령은 우주가 출현하고 생명이 진화하도록 하는 사랑의 에너지이다. 성령은 하느님의 말씀과 함께, 관측 가능한 우주의 기원을 일으킨 빅뱅의 과정 및 원시 수소와 헬륨의 출현, 은하와 별의 탄생, 이러한 별에서 생명에 필요한 추가 원소의 합성, 젊은 태양을 중심으로 한 우리 태양계의 발전, 지구상의 최초의 미생물 생명의 기원, 모든 다양성과 풍요로움 속에서 꽃피는 생명 그리고 결국에는 모든 것과 상호 연관되고 상호 의존하는 고도로 발달한 뇌를 가진 인간의 진화 과정 안에서 일하신다. 라너가 강조했듯이, 인간은 은총의 세계, 곧 성령께서 항상 자기 증여의 사랑으로 존재하는 세계인 우주 안으로 출현한다.

깊은 육화에 대한 조직신학은 창조와 은총의 생명을 주시는 성령이 육화 그 자체와 어떻게 근본적으로 연결되어 있는지를 보여 줄 필요가 있다. 이 연결은 381년에 출판된 밀라노의 암브로시우스의 《성령에 관하여》*On the Holy Spirit*

에서 이미 분명하게 밝혀졌다는 점에 주목하는 것이 도움이 될 것이다. 그는 성령은 피조물이 아니라 완전한 하느님이시며, 창조는 창조주 성령이라고 부르는 성령의 작품임을 보여 주기 위해 노력한다. 그는 성경에서 마리아가 잉태한 아이가 성령의 역사라고 선포하고 있다고 지적한다.루카 1,35; 마태 1,18-20 그는 육화에 있어서 성령의 역할부터 피조물에 대한 성령의 역할에 이르기까지 다양한 주장을 펼친다. 구세주의 인성이 창조주 성령의 작품이라면, 피조물 전체도 아버지 하느님 및 영원한 말씀과 일치된 창조주 성령의 작품이라는 것을 알 수 있어야 한다는 것이다. 암브로시우스는 창조주 성령을 육화와 우주 창조 모두의 저자로 간주한다. "그러므로 우리는 성령이 창조주이심을 의심할 수 없습니다. 그분은 우리가 주님의 육화의 저자로 알고 있는 분입니다."[2] 그러므로 암브로시우스에게 있어서 성령은 모든 피조물의 저자이며, 은총 생명의 저자, 육화의 저자이다.[3]

불행하게도, 스콜라신학에서는 이러한 성령신학이 간과되었는데, 스콜라신학은 그리스도의 신성과 인성의 일치의 은총을 단순히 로고스에 귀속시켰다. 발터 카스퍼를 비롯

---

[2] Ambrose of Milan, *On the Holy Spirit* 2.5.41, The Fathers of the Church Series, vol. 44 (Washington, DC: Catholic University of America Press, 2010), 110.

[3] Ibid., 117-19.

한 몇몇 신학자들은 "성령 그리스도론"[4]이라는 형태로 이것을 바로잡았다. 그는 성령이 인격 안에 있는 신성한 사랑의 넘침과 자유로서, 피조물을 향한 모든 신성한 행동을 가능하게 할 뿐 아니라 육화를 통하여 일하시는 창조와 성화의 원리이기도 하신 분이라고 이해한다. 예수는 성령으로 기름 부음을 받으셨고루카 4,21; 사도 10,38, 성령은 예수의 인성을 거룩하게 하심으로써, 그분이 하느님의 사랑이 직접적으로 전달되는 존재가 될 수 있도록 하셨다. 성령은 예수의 인성을 채우시고, 그것이 하느님의 말씀 안에서 자기통교를 위한 "틀과 그릇"을 자유롭게 구성할 수 있는 개방성을 부여하셨다.[5] 카스퍼는 성령으로 인해 예수가 거룩하게 되고 성령의 은총이 그에게 부어진 것은 단순히 로고스가 위격적 결합을 통해 육신이 되신 결과일 뿐만 아니라 "그것의 **전제 조건**"[6]이라고 말한다.

카스퍼는 이처럼 스콜라주의적 접근 방식을 뒤집었다. 스콜라주의는 말씀과 예수의 인성이 결합한 것을 말씀 그 자체에 의해 수행되어 예수가 성령으로 충만하게 된 것으로 보았지만, 카스퍼는 구세주의 탄생을 가져온 것은 바로

---

[4] Walter Kasper, *Jesus the Christ*, new ed. (London: T&T Clark, 2011), xvii.
[5] Ibid., 239.
[6] Ibid. 강조 추가.

성령이라고 보는 성경적 관점을 고수한다. 그리고 바로 이 성령이 예수의 삶과 사역의 모든 측면과 십자가상에서의 죽음을 포함하여 십자가를 통한 부활에 이르기까지 인도하셨고, 이 모든 것은 바오로가 말한 것처럼 성령의 능력으로 이루어진 것이다.로마 1,4; 8,11

1986년, 교황 요한 바오로 2세는 성령에 관한 회칙을 발표했는데, 이는 성령에 관한 몇 안 되는 공식적인 교회 가르침 문서 중 하나이다. 이 회칙이 특히 깊은육화신학과 관련이 있는 이유는, 요한 바오로 2세 교황이 육화에 대한 논의에서 성령이 육화 안에서 위격적 결합일치의 은총을 "이루고", "일으킨다"고 분명히 밝혔기 때문이다. 이는 피조물과 은총에 대한 성령의 선물의 절정이다.[7] 그는 이 일치의 은총이 최고의 은총이며, 다른 모든 은총의 근원이라고 지적한다. 그의 주장이 이 논의에서 중요한 또 하나의 이유가 있는데, 그는 깊은 육화의 핵심 교리와 일치하는 말로 성령에 의해 이루어지는 육화의 의미를 다음과 같이 이어서 설명한다.

---

[7] 교황 요한 바오로 2세는 육화를 언급하면서 이렇게 말한다. "그것은 삼위일체 하느님의 절대 신비 속에서 아버지와 아들과 동일한 본성을 지닌 성령에 의해 '이루어졌다'고 할 수 있다. 성령은 피조물이 아닌 사랑이며, 창조 질서 속에서 하느님으로부터 오는 모든 은총의 영원한 원천이자, 직접적인 원리이며, 어떤 의미에서 피조물 안에서 하느님의 자기통교의 주체이다. 은총, 육화의 신비는 이 증여의 절정을 이루며, 신성한 자기통교를 이룬다." *Dominum et Vivificantem: On the Holy Spirit in the Life of the Church and the World*, para 50 (http://w2.vatican.va).

하느님의 아들의 육화는 사람의 본성뿐만 아니라, 그 사람의 본성을 통하여, 어떤 의미에서는 "육신"인 모든 것, 곧 전체 인류, 가시적이고 물질적인 전체 세계가 하느님과 하나가 된다는 것을 의미한다. 그러므로 육화는 또한 우주적 의미, 우주적 차원을 가지고 있다. "모든 피조물 중 맏이"가 그리스도의 개별적 인성을 통하여 육화됨으로써, 그 자신이 사람이라는 존재의 전체적 실체, 곧 "육신"과도 어떤 방식으로 하나가 되고, 그 실체를 통해 모든 "육적인 것"과, 곧 피조물 전체와 하나가 된다.[8]

육화는 인간 본성뿐만 아니라 모든 인류, 모든 육신 그리고 가시적이고 물질적인 세계 전체가 "하느님과 하나되어 일치하는 것"을 의미한다고 한다. 모든 물질과 육체가 하느님과 하나가 된다는 이 깊은 육화 개념의 핵심은 다음 장에서 더 자세히 살펴볼 것이다.

---

[8] *Dominum et Vivificantem*, para. 50. 저자는 homo의 번역으로 '인간(the human)'을 '사람(man)'으로 대체했다. 라틴어 원문은 "*se incarnans in humanitate individua Christi, aliquo modo copulatur cum iis omnibus, quae vere sunt hominis.*"이다.

육신이 되신 말씀을 구성하는
우주적, 진화적, 생태적 관계

첫 번째 장에서 육화를 통한 피조물과 하느님의 일치를 설명하는 리처드 보컴의 견해를 설명했다. 보컴은 하느님이 모든 피조물이 존재할 수 있도록 하는 형이상학적 존재일 뿐만 아니라, 성경과 그리스도교 전통에 묘사된 바와 같이 사랑의 자유로움 안에서 하느님 자신을 자유롭게 현존하도록 하는 다양한 방식으로 피조물에 현존한다고 강조한다. 보컴은 육화는 유일무이하며, 단순히 정도가 아니라 종류 면에서도 다른 형태의 신성한 현존과 구별된다고 주장한다. 그는 이 차이를 다음과 같은 명제를 통해 표현한다. 하느님은 나자렛 예수 안에만 계시거나 예수만을 위한 것이 아니라, 예수 그 자체로 존재한다.

보컴은 육화를 인격적, 관계적 방식으로 모든 피조물을 구원하는 것으로 본다. 예수는 그의 삶과 사역을 통해 다른 인간을 위해 사랑으로 자신을 내주었고, 나머지 피조물과의 상호 관계에 참여하셨다. 이러한 관계는 하느님의 의지에 따라 부활을 통해 보편화되는데, 예수의 인간적 특수성이 보편적으로 존재하는 하느님의 능력과 결합되었고, 부활하신 그리스도께서는 피조물 구원 경륜의 중심이 되어 모든 피조물이 그들의 상호 연결성을 통해 하느님 안에서 그들의 온전함을 찾을 수 있도록 하셨다.

보컴은 부활하신 그리스도께서 모든 피조물과의 상호 연결성을 통해 사랑으로 함께 현존하시기 때문에, 육화하신 말씀이 다른 종이나 무생물적 자연물과 관계적이고 생태적인 방식으로 소통한다고 보았다. 십자가에 못 박힌 그리스도가 피조물의 부조화와 부패뿐 아니라 풍요와 생명력으로 피조물과 사랑으로 자기동일시를 하시고 부활하신 그리스도가 그분과 함께 피조물 전체를 부활의 종말론적 새로움으로 끌어들이기 때문에 육화는 피조물 전체에 변화를 가져온다.

나는 보컴의 견해에 매력을 느끼지만, 깊은 육화도 육신이 되신 말씀과 더 넓은 범위의 피조물 사이에 내적 관계가 필요하다는 그레게르센의 주장 또한 충분히 설득력이 있다고 본다.

그레게르센은 우주적 관계가 그리스도의 구성 요소 중 하나라고 주장한다. 그의 견해에 따르면, 예수 그리스도가 피조물의 우주와 내적으로 관련되어 있지 않다면 육화한 로고스가 될 수 없다. 그레게르센은 과학 덕분에 알게 된 것들, 별에서 형성된 원자에 대한 의존성, 우리의 진화적 역사 그리고 우리의 생태적 상호 연결성에 주목한다. 우리는 우리 자신을 피부에서 실재가 끝나버리는 단순한 개별적 존재로만 생각할 수 없다. 그레게르센은 또한 모든 것이 그리스도 안에서 창조되고 화해되는 신의 의도에 대한 신학을 지적하면서, 육화는 필연적으로 만물을 포함하여야 하며, 따라서 그리스도께서는 생태적, 우주적 상호 연결성에서 분리된, 육화된 말씀으로 생각될 수 없다고 주장한다.

내 생각에 피조물의 치유와 변화는 보컴이 설명하는 생태적 관계를 통해 일어난다고 생각할 수 있지만, 피조물의 이러한 치유와 변화에는 그레게르센이 설명하는 육화하신 말씀과 피조물 사이의 내적 연결도 필요하다. 피에르 떼야르 드 샤르댕은 오래전부터 육신이 되신 말씀과 우주 사이의 이러한 내적 상호 연결을 숙고하여, 우리는 그리스도의 신성과 인성이라는 두 가지 본성뿐만 아니라 그리스도의 우주적 본성이라는 세 번째 본성에 대해서도 생각해야 한다고 제안했다.[9] 그러나 그레게르센의 견해에 따르는 것이 더 간단하고 성경과 폭 넓은 그리스도교 전통에 더 충실해 보인다. 곧, 말씀은 생태적, 우주적 상호 연결성을 지닌 예수의 피조물적 인성을 취하며, 이러한 상호 연결성은 하느님의 의도에 의해 육화하신 말씀의 공동 구성 요소들이다.

---

[9] Pierre Teilhard de Chardin, *The Heart of Matter* (San Diego: Harcourt, 1978), 93.

나는 라너가 그레게르센의 입장을 뒷받침하기에 유용한 사고의 흐름을 제공했다고 생각한다. 나는 네 번째 장에서 나지안주스의 그레고리우스의 "취해지지 않았다면 치유되지 않았다."는 말을 라너가 확장하여 사용했다고 언급한 바 있다. 라너는 말씀이 육신이 되면서 취하신 것은 피조물의 실재 전체라고 주장한다. 이 전체를 벗어난 것은 아무것도 없다. 그리스도로부터 시작하여 존재하는 모든 것을 하느님의 생명으로 끌어들이는 변화와 신화를 벗어난 것은 아무것도 없다. 말씀의 육화에서 취해진 육체는 단순히 나자렛 예수라는 고립된 개인이 아니다. 라너는 육화에는 말씀이 예수라는 고립된 인간뿐만 아니라 우주 그 자체의 물질과 그 모든 잠재력과도 결합하는 위격적 결합이 포함된다고 보았다. 라너와 그레게르센이 말하듯이, 예수 그리스도의 진정한 실재는 그의 피부에서 그치는 것으로 볼 수 없다. 과학은 우리가 하나의 진화적, 생태적 전체성 속에서 서로 연결되어 있고 서로 의존하고 있는 다양한 방식을 보여 준다. 이에 더하여, 신학은 만물이 그리스도 안으로 받아들여졌고, 그래서 만물이 해방되었으며로마 8,21, 화해되고콜로 1,20, 그리스도 안에서 총괄갱신될 수 있는 것은 하느님의 의지에 따른 것이라고 말한다.에페 1,20

그러므로 그레게르센이 말한 것처럼, 피조물 전체와 관련이 있음이 육신이 되신 말씀의 공동 구성 요소라고 말하는 것이 옳다고 생각한다. 말씀이 육신으로 오셨다는 것을 단순히 분리된 개인에 대한 것으로 생각한다면, 육화의 깊은 진리를 놓치게 될 것이다. 하느님의 의지에 따라, 육화에서 취해진 육체는 다른 인간, 지구상의 생명 공동체 그리고 우주 자체의 모든 역동적인 과정과 내적 관계성을 지닌 나자렛 예수의 육신이다. 예수의 육신은 별의 핵합성 과정에서 태어난 원자들로 만들어졌으며, 지구에서 37억 년의 진화 과정을 거쳐 형성되었다. 사회적, 생태적, 우주적 관계는 육신이 되신 말씀에 추가된 것이 아닌, 육신이 되신 말씀의 구성 요소이다. 그리고 이레네우스, 아타나시우스, 라너, 그레게르센의 입장에서 말한다면, 우리의 우주적, 진화적, 생태적 세계의 피조물은 언제나 육신이 되신 말씀에 의해 만들어졌다고 말할 수 있을 것이다. 이런 의미에서 육신이 되신 말씀은 상호 연결된 진화적 세계를 구성하는 요소라고도 할 수 있다.

하느님은 고통받는 피조물과 함께 고통받는다고 할 수 있다

하느님은 피조물의 고통을 느끼고, 그들과 함께 고통을 나누고, 그들과 함께 고통을 겪는 분이라고 생각할 수 있을까? 어떤 신학자들은 이 개념을 거부한다. 왜냐하면 그들은 이 개념이 신의 초월성과 전통적인 신의 비수난성이라는 관점을 훼손한다고 보기 때문이다. 그러나 피조물의 고통을 겪으시는 하느님이라는 개념을 지지하는 다른 신학자들은 신의 비수난성에 대한 개념을 포기할 준비가 되어 있다. 내가 보기에 더 적절한 제3의 응답은 우리는 신의 초월성과 비수난성에 대한 개념을 재고해야 한다는 생각이다. 이 제3의 응답에 담긴 핵심은 피조물의 고통 안으로 자유롭게, 사랑 가득히 들어가 고통받는 피조물을 느낄 수 있는 하느님이 이것을 할 수 없는 하느님보다 더 진실하고 완전하게 초월적이라는 생각이다. 이 제안은 이미 앞의 장에서 논의한 주제에서 제시되었다.

이레네우스와 아타나시우스에서 발견되는 육화와 십자가에 대한 신학은 고통받지 않고, 냉정하며, 멀리 있는 하느님이라는 개념을 지지하지 않는다. 물론 두 사람 모두 하느님의 초월성과 비수난성에 대한 개념을 강력하게 지지한다는 것은 사실이다. 그들에게 하느님은 그리스 신들의 지나치게 인간적인 질투, 욕망, 갈등이나 영지주의 플레로마의 아이온 속에 갇혀 있다고 생각되어서는 안 되기 때문이다. 그러나 하느님의 불변하는 신성한 본성에 대한 그들의 관점이 하느님이 피조물과 무관하다는 것을 의미하는 것은 아니다. 이레네우스의 관점에서 하느님의 위대하심 magnitudo과 하느님의 사랑dilectio은 항상 함께 존재한다. 하느님의 초월성은 육화와 예수의 십자가에 비추어 재해석된다. 이러한 신학에서, 하느님의 초월성에 대한 그리스도교 개념은 그것을 신성한 사랑의 초월성으로, 곧 육신을 가진 피조물과 함께할 수 있는 초월적인 신성한 능력으로 확대하여 볼 때만 비로소 가능해진다. 이레네우스의 초월성에 대한 높은 개념은 그리스도의 육화와 십자가에 표현된 하느님 사랑의 세속적 성질과 관련하여서만 이해될 수 있다. 이 지상으로 내려온, 육화하신 말씀의 육신과 십자가에서의 죽음으로 드러난 하느님의 사랑은 인간과 다양한 피조물의 세계를 직접 창조하는 데 작용한 사랑과 동일한 사랑이다.

육화에 관한 아타나시우스의 관점에 따르면, 모든 피조물을 초월하는 하느님의 말씀은 관대하고 자비로운 사랑으로 피조물 앞에 직접 현존하기 위해 자신을 낮추셨다. 아나톨리오스가 지적했듯이, 아타나시우스는 하느님의 자비와 사랑이라는 성경적 범주를 통해 신의 초월성에 대한 개념을 재구성하고 변형하였다. 창조와 육화 모두에서 하느님의 두 가지 속성인 "모든 존재를 초월한"[10] 하느님과 하

---

[10] Athanasius, *Against the Greeks*, 2, in *Athanasius: Contra Gentes*

느님의 "선하심과 사랑"[11] 사이에는 "동시에 일어나는 대조와 상호 작용"이 존재한다. 하느님은 자애라는 신성한 속성 때문에 하느님 자신의 초월성을 초월할 수 있다. 그러므로 하느님의 초월성의 진정한 본질은 자애philanthrôpía에 대한 상상할 수 없는 신성한 능력을 특징으로 한다. 흔히 인간은 하느님을 피조물과 분리된 영역으로 한정해서 생각하는데, 이런 종류의 초월성은 인간의 그런 부적절한 개념을 훨씬 뛰어넘는 것이다. 아타나시우스의 신학은 하느님의 초월성에 대한 제한적이고 유한한 관점을 초월한다.

아타나시우스는 필리피서 2,5-11에 대한 주석에서 말씀의 인간화, 십자가 그리고 현양에 대해 말하고 있는 이 본문이, 말씀이 신이 되기 위해 나아가는 내용이 아니라고 주장한다. 그것은 오히려 자신을 낮추고 인간이 되어 십자가에서 죽음을 받아들인 완전한 하느님의 말씀을 가리킨다. 육화와 십자가를 통해 자신을 낮추는 말씀의 케노시스적 행위는 우리가 일으켜져서 하느님의 아들과 딸로 신화될 수 있도록 나아가게 하기 위한 것이다. 아타나시우스에게 있어서 구세주의 이러한 자기낮춤은 단순히 예수의 인성에 자리하는 것이 아니라 오히려 신성한 본성의 표현이

---

and *De Incarnatione*, ed. Robert Thomson (Oxford: Clarendon Press, 1971).

[11] Khaled Anatolios, *Athanasius* (London: Routledge, 2004), 40.

다. 창조와 육화 안에서 하느님의 자기낮춤은 삼위일체 하느님의 사랑에서 비롯되며, 하느님 본성 그 자체에 속한다. 아나톨리오스는 아타나시우스에 대해 "하느님의 자기낮춤은 성경에 나오는 하느님의 특성에 필수적"이라고 썼고, "이 하느님의 겸손은 하느님 본성에 직접적으로 속한다."[12]고 덧붙였다. 하느님 본성은 그리스도 안에서 자기희생적이고, 자기비허적이며, 케노시스적인 사랑으로 드러난다. 이런 종류의 사랑은 육화와 피조물의 우주를 창조하는 것 모두를 특징짓는다.

이레네우스, 아타나시우스와 함께, 이 글에서 고려해 온 세 번째 육화신학자인 칼 라너를 살펴보는 것도 도움이 될 것이다. 비록 그가 피조물과 함께 고통받는 하느님에 대한 신학을 전개하지는 않았지만, 나는 육화를 통한 하느님의 되어감이라는 그의 관점이 이런 종류의 신학을 쌓아가는 구성 요소가 될 것이라고 본다. 라너는 변하지 않는 하느님에 대한 신학을 가지고 말씀이 육신이 되었다는 핵심적인 그리스도교 신념을 어떻게 이해할 수 있는지 묻는다. 그의 대답은 하느님, 곧 그 자체로 충만하시며 따라서 변하지 않으시는 분이 피조물이 되시고 인간이 되심으로써 다른 존재 안에서 변화하실 수 있다는 것이다. 무한하신 하느님은

---

[12] Ibid., 119.

순수한 자유이시며, 다른 존재, 곧 유한한 존재가 될 수 있는 가능성을 지니고 계시고, 무엇보다 십자가를 통해 세상의 고통 속으로 들어가실 수 있다. 라너에 따르면, 육화는 "자신을 비움으로써 존재하게 되는 것, 하느님 자신의 케노시스$_{κένωσις}$와 제네시스$_{γένεσις}$로서, 다른 존재가 됨으로써 존재하게 되는 것"[13]이다. 하느님은 변하지 않으실 뿐 아니라 진정으로 어떤 존재가 될 수도 있다.

여기서 특히 주목하고 싶은 것은 라너가 불변하는 하느님이 피조물이 되시는 변증법적 가능성을 하느님의 결핍이 아니라 더 크신 하느님의 특징으로 간주한다는 점이다. 하느님이 다른 존재가 될 수 없다면 부족한 존재일 것이다. 그러므로 하느님의 초월성을 하느님이 피조물이 되는 자유를 제한하는 것으로 간주해서는 안 된다. 오히려 신의 초월성을 진정으로 이해한다면 자신을 비우시는 사랑을 통하여 유한한 다른 존재에게 자신을 내주는 하느님의 자유로움을 인정하게 될 것이다. 하느님은 자신을 역사에 자유롭게 맡길 수 있는 가능성을 가지고 있다. 라너는 이 모든 것이 하느님 사랑의 근본적 본성에 관한 것이라고 지적한다. 사랑의 충만함 그 자체이시고, 언제나 그 충만함 안에 머무시는 하느님께서는 자기 자신을 비우고 자기 자신을

---

[13] Ibid., 114.

내주심으로써 이 사랑을 쏟아부으실 수 있다.[14] 나는 라너가 육화의 케노시스적 사랑에 대해 말한 것은 진화적 되어감을 통하여 모든 피조물과 동반하시는 하느님에 대해서도 적용될 수 있다고 생각한다. 하느님은 피조물들이 겪는 고통에 대하여 자애로운 연민과 구속의 의미로 그들과 동반하신다.

이레네우스, 아타나시우스, 라너 모두 하느님이 그 자신 안에 있는 존재의 충만함을 소유하고 있다고 믿는다. 그들은 모두 하느님의 불변성을 고수하며, 하느님의 초월성에 대한 확고한 견해를 갖고 있다. 그러나 그들은 십자가에서 절정을 이루는 육화를 통해 하느님이 피조물에게 자기 자신을 케노시스적 사랑으로 자유로이 내주시는 것을 본다. 이것은 초월적 하느님에게 피조물 실존의 한계와 고통 속으로 들어갈 수 있는 능력이 있다는 것을 의미한다.

라너가 지적했듯이, 이것은 하느님을 폄하하는 것이 아니다. 하느님이 사랑으로 자신을 쏟아부을 수 있기 때문에 그만큼 덜 초월적인 것이 아니다. 하느님의 초월성이 하느님이 피조물이 될 수 없다거나, 십자가에서 고통을 겪을 수 없다는 것을 의미한다고 주장하는 사람들 그리고 고통받는 피조물과 함께 고통을 겪을 수 없다는 것을 의미한다고

---

[14] Ibid., 115.

주장하는 사람들은, 인간이 구축한 초월성 개념을 사용해서 하느님이 그분의 자유로 무엇을 하고 무엇을 하지 않을지 말하려는 위험에 빠져 있다. 따라서 이레네우스, 아타나시우스, 라너의 견해에서 우리가 발견하는 것은, 하느님은 인간이 생각하는 신의 초월성을 초월하신다는 개념이다. 창조 그 자체 그리고 무엇보다도 육화와 십자가는 우리가 초월성에 대한 우리의 관점을 넓혀야 할 필요가 있다는 것을 의미한다. 초월성에 대한 순수한 철학적 견해로는 충분하지 않다. 하느님은 사랑이시고, 사랑의 근본적인 충만함이시며, 자신을 비워 피조물의 세계에 내주는 사랑이시기 때문에, 우리는 하느님 초월성에 관한 더 큰 그림이 필요하다.

내가 제안하는 것은, 육화와 십자가를 통해서 작용할 뿐 아니라, 우주의 출현과 모든 끔찍한 대가를 치르면서 이루어진 지구상의 생명의 진화 속에서 그리고 모든 놀라운 결과 속에서 작용하는 바로 이런 종류의 사랑이다. 이런 종류의 사랑과 이런 종류의 초월이 있기 때문에, 우리는 하느님이 피조물의 고통에 동반하시고, 자비로운 사랑의 신성한 능력으로 그들과 함께 느끼고, 구속적으로 그들과 함께 고통을 겪는다고 주장할 수 있게 된다.

십자가: 피조물과 함께하시는 하느님의 구속 고난의 성사

하느님은 피조물들의 쇠락과 고통 속에서 고통을 겪으실 수 있고 실제로 고통을 겪으신다고 주장한 바 있다. 나는 이제 예수의 십자가가 피조물과 함께 겪으시는 하느님의 구속 고난의 성사로 이해될 수 있다고 제안하고자 한다. 나는 첫 번째 장에서 예수의 십자가가 "감각을 지닌 모든 생명체뿐 아니라 사회적 경쟁에서 희생되는 자들과 함께하시는 하느님의 구속 고난의 상징"으로 이해될 수 있다는 그레게르센의 제안을 언급했다. 그는 또한 십자가를 고통 속으로 들어가 진화의 대가를 치르는 하느님의 모범이자 실재로 그리고 거시적 우주의 고통이 표현되고 구현되는 소우주로 이야기한다. 이러한 개념들 각각에서 십자가는 그 상징하는 바가 실현되는 효과적인 상징처럼 기능한다. 넓은 범위의 가톨릭 신학에서 이러한 종류의 상징적 구조는 일반적으로 성사적 용어로 이해된다.

이 지점에서 십자가에 관한 라너의 성사적 이해를 떠올려 볼 필요가 있다고 생각한다. 그의 질문은 깊은 육화에 대한 질문과는 달랐다. 그는 형벌적 속죄신학이 가진 문제점을 피할 수 있는 그리스도 안에서의 구원에 대한 이해를 추구했다. 특히 그는 십자가가 하느님의 마음을 바꾸거나,

분노한 하느님을 달래는 것이라는 암시를 피하고 싶어 했다. 구원은 하느님으로부터, 하느님의 사랑으로부터 그리고 하느님의 구원 의지에서 비롯된다는 것을 보여 주고 싶어 했다. 그는 그리스도를 통한 구원의 신학을 새롭게 하려는 모든 시도는 여전히 우리가 어떻게 십자가를 통해 구원받는지에 대한 근본적 질문에 답해야 한다고 생각했다. 십자가는 어떻게 우리를 구원하는가?[15] 라너는 그의 신학에서 두 번째로 큰 문제에 직면했다. 곧, 그는 오랫동안 구원의 은총이 모든 시대, 모든 사람에게 제공된다고 주장해 왔기 때문에, 이 보편적인 구원의 은총과 예수 그리스도 안에서 육화하신 말씀 사이의 적절한 연결성을 보여 줄 필요가 있었다. 만약 구원의 은총이 예수의 생애와 죽음 이전에 살았던 사람들을 포함하여 모든 사람에게 현존하고 제공된다면, 우리가 그리스도의 십자가에 의해 구원된다는 그리스도교 신앙의 의미는 무엇일까?[16]

라너의 응답은 그리스도의 십자가가 우리의 구원을 위한 성사적 원인이라는 이론을 내놓은 것이다.[17] 그는 그 과

---

[15] 다음을 참조할 것. Karl Rahner, *Foundations of Christian Faith: An Introduction to the Idea of Christianity* (New York: Crossroad, 1978, 1995), 283-85.

[16] Ibid., 316-18 참조.

[17] 라너는 이렇게 썼다. "예수의 삶과 죽음을 합치면(이 두 가지가 어느 정도 다르다고 여겨지는 만큼), 하느님의 구원 의지라는 '원인'이 된다. 그것은 이 구원 의지가 이러한 삶과 죽음을 통해 확실하고도 돌

정에서 〈상징의 신학〉*The Theology of the Symbol*에 대한 주요 작업을 수행하였는데, 그곳에서 그는 육화하신 말씀에 대해 "세상에 있는 하느님의 절대적 상징으로서, 그 어떤 것보다 표상된 것으로 가득 차 있는"[18]이라고 썼다. 라너는 실재를 상징으로 보면서, 하느님의 존재 자체를 상징적으로 본다. 영원한 로고스는 실재 상징이고, 만물의 근원으로서의 하느님의 상징적 자기표현이다. 곧, 육신이 되신 말씀은 실재 상징이고, 피조물의 세계에 대한 하느님의 자기표현이자 자기증여이다.

라너는 이 상징의 개념이 단순한 표식과는 거리가 멀다고 주장한다. 표식에는 표상되는 것과의 내적 관계가 없다. 실재 상징, 즉 성사는 표상되는 것의 자기표현이며, 그것은 실질적이다. 그것은 표상되는 것을 나타낼 뿐만 아니라, 불러오기도 한다. 십자가, 곧 그리스도 사건 전체는 우리 세계에서 구원의 새로운 상황을 구성한다. 그러나 그것은 인간의

이킬 수 없는 방식으로 자리 잡는 한에서, 다시 말해 예수의 삶과 죽음이, 또는 삶을 총괄갱신하고 삶의 정점을 이루는 죽음이 준성사적(quasi-sacramental)이고 실재-상징적 본성의 인과성을 갖는 한에서 그러하다. 이 인과성에서 표상하는 것은, 이 경우 하느님의 구원 의지이며 표징을 제시한다. 이 경우 예수의 죽음과 부활이 표징이며, 그 표징 안에서 그리고 표징을 통해 표상하는 바를 일으킨다."(Ibid., 284). 라너가 준성사성이라는 단어를 사용하였는데, 아마도 성사성(sacramentality)이라는 용어가 교회 자체와 연관되어 사용되거나 교회의 성사를 의미하기 때문에 그것과 구별하기 위한 것으로 보인다.

[18] Karl Rahner, "The Theology of the Symbol," in *Theological Investigations* (New York: Crossroad, 1982), 4:221-52.

자유를 무시하지 않는다. 라너는 인간은 은총에 의해 그들 자신의 구원에 참여한다고 주장한다. 그들에게는 자신에게 주어진 것을 받아들이거나 거부할 자유가 있다. 그들은 십자가에서 쏟아진 사랑을 받아들이고, 그리스도를 본받아, 그분의 몸의 일부가 됨으로써 그리스도 안에 참여하게 된다.

라너가 성사적 관점에서 십자가와 구원의 관계를 설명할 때, 십자가는 당연하게도, 예수의 죽음으로 절정에 달하고 본질적으로 그의 부활과 연결되어 있는 육신이 되신 말씀의 전체 사건 및 그의 생애와 사역을 관통하는 자기증여의 희생적인 사랑을 포함한다. 그것은 예수의 죽음으로 절정에 달하고 본질적으로 그의 부활과 연결되어 있다. 예수의 생애에 나타난 자기증여의 희생적 사랑의 절정으로서 그리고 부활을 통해 하느님께서 이 자기증여의 사랑을 받아들이심으로써 그리스도의 십자가는 하느님의 자비와 용서의 사랑을 우리 세계에 명시적이고 분명하게 상징하고 현실화한 것이다. 그것은 만물을 하느님의 생명으로 인도하려는 하느님의 의지를 표현하며, 이 구원의 뜻은 십자가를 통해 그리고 십자가 안에서 실현된다.

구원은 참으로 십자가에 부어졌다. 그러나 십자가의 구원 효과는 이미 조용히 성령 안에서 전 세계와 역사를 통해 작용하고 있다. 라너는 이 성령이 언제나 예수 그리스도의 영이라고 주장한다. 성령 안에서 만나는 은총은 언제나 육화하신 말씀과 그분 십자가의 은총이다. 십자가의 효과는 십자가 이후의 시기에 국한되지 않고, 비록 모호하더라도 예수 그리스도의 영 안에서 모든 역사 전반을 통틀어 이미 존재하여 작용하고 있다.[19]

브랜든 피터슨Brandon Peterson은 라너의 구원론에 대한 통찰력 있고 설득력 있는 연구에서 라너의 십자가신학이 무엇보다도 교부신학에 관한 그의 초기의 광범위하고도 심오한 독해와 특히 이레네우스의 그리스도를 통한 만물의 총괄갱신신학에 기반을 두고 있음을 보여 준다.[20] 피터슨은 라너의 십자가신학이 성사적일 뿐만 아니라 대표적이라는 설득력 있는 주장을 펼친다. 브랜든은 라너의 대표적 구원론이 세 가지 특징을 가지고 있음을 보여 준다. 첫 번째, 그리스도의 인격과 그분과의 인격적 일치에 초점을 맞추고, 두 번째, 아타나시우스가 주장했듯이, 하느님이 인간이 되어 우리가 하느님이 될 수 있도록 하셨다는 하강

---

[19] 이런 의미에서 라너는 예수의 육화와 십자가가 역사 전반에 걸쳐 작용하는 성령의 결정적 원인이라고 지적한다. (Foundations, 317-18).

[20] Brandon Peterson, *Being Salvation: Atonement and Soteriology in the Theology of Karl Rahner* (Minneapolis: Fortress Press, 2017), 1-48, 211-62.; 라너의 상징 신학에 관한 다른 중요한 연구 참조. Joseph Wong, *Logos-Symbol in the Christology of Karl Rahner* (Rome: LAS, 1984), and Stephen Fields, *Being as Symbol: On the Origins and Development of Karl Rahner's Metaphysics* (Washington, DC: Georgetown University Press, 2000).

적, 육화적 성격을 지니고 있으며, 세 번째, 상승적 성격을 지니고 있다. 곧 그리스도는 하느님 앞에서 진정한 인간이시고, 바오로와 이레네우스의 '새 아담'이시며, 우리가 그분 안에 참여하는 분이다. 이러한 관점에서 볼 때, 구속은 객관적이고 주관적이다. 그리스도 자신은 객관적 구속이다. 주관적 구속은 그분과의 관계와 그분의 몸에 통합됨으로써 발생한다. 피터슨은 라너의 신학이 구원의 성사신학으로만 이해될 수 있으며, 또한 대표적 신학이기도 하다는 것을 보여 준다. 그리고 이 두 가지 범주 중 하나는 다른 하나를 함축한다. 예수 그리스도는 구원 그 자체로서, 구원의 구성 요소로서 보이며, 구원에 대한 우리의 참여는 그리스도와 결합하는 관계적 조건으로 이해된다.

라너는 십자가의 근본적인 효과, 즉 인류를 구원하는 은총을 다루기 위해 예수 그리스도의 십자가와 인류 역사 전반에 걸쳐 역사하시는 성령의 은총 사이의 온전한 성사적 관계를 제안한다. 나는 깊은 육화의 지지자들이 십자가의 더 큰 의미와 효과, 곧 하느님의 사랑과 고통받는 피조물과의 구속적 연대 개념을 받아들이고 있다고 생각한다. 그들은 십자가와 하느님의 고통받는 피조물과의 구속적 공동 고통 사이에 상징적 또는 성사적 관계가 있음을 제안하는 것이다. 따라서 깊은육화신학에서 십자가의 의미는 인간을 향한 하느님의 용서와 변화의 은총인 동시에, 모든 피조물의 고통과 삶의 드라마 속으로 자유로이 사랑으로 들어가시는 하느님의 모습이다.

이 관점에서 그리스도를 통한 구속은 인간에게 용서와 생명을 주시는 것뿐 아니라, 고통받는 피조물에게 하느님이 사랑으로 동반하시며 구속해 주시는 것까지 모두 포함한다. 이 두 가지 의미 모두에 대해, 명시적 표현인 예수의 십자가와 실재 사이에는 성사적 관계가 존재하는데, 그 실재는 한편으로는 그리스도와의 관계를 통한 인간 구원 은총의 실재이며, 다른 한편으로는 모든 고통받는 피조물을 위해 자애와 사랑으로 성령 안에 현존하는 말씀의 실재이다.

나의 견해로는 십자가를 피조물 전체를 위한 하느님의 구속적 고난의 성사로 생각하는 데 있어서, 고통을 겪는 그리스도인에게 십자가가 하느님의 구속적 현존의 성사로 기능하는 방식을 기억하는 것이 유용하면서도 중요하다. 십자가의 상징은 그리스도교 전통의 모든 곳에서 작동하며, 종종 죄 많은 인간을 위한 하느님의 용서와 구원의 은총을 나타낸다는 것은 명백한 사실이다. 그러나 어떤 경우에는 위에서 설명한 두 번째 방식으로 기능한다. 예를 들어, 극심한 고통과 죽음의 문턱에 있는 많은 그리스도인들은 십자가를 바라보거나 십자가를 붙잡거나 십자가에 입을 맞추면서 자비하시고 사랑이시며 힘을 주시는 하느님의 현존과 부활의 약속을 느낀다. 이런 경우 그리스도의 십자가는 하느님 용서의 상징일 뿐 아니라 하느님이 사랑으로 함께하시고 구속을 위해 고통을 함께 나누는 성사라고 말할 수 있다.

그리스도의 십자가와 성령의 보편적인 역사 사이의 성사적이고 상징적인 관계는 이미 신학과 교회 생활에 존재한다. 그것은 은총의 신학과 많은 그리스도인들이 고통과 죽음을 겪을 때 십자가가 작동하는 방식 속에 존재한다. 깊은 육화의 지지자들이 추구하는 것은 이 성사적 구조의 확장으로 이해될 수 있다. 따라서 예수의 십자가는 모든 피조물과 함께하시는 하느님의 구속 고난의 성사로 더 분명하게 이해될 수 있다.

나는 이 십자가에 대한 성사적 이해가 이 책의 두 번째 장에서 설명된 이레네우스의 십자가에 대한 비전과 공명한다고 생각한다. 이레네우스는 십자가가 하늘을 가로질러 땅속 깊이까지 뻗어 있는 피조물 전체에 새겨져 있다고 본다. 십자가는 말씀에 의해 실재 전체와 실재의 모든 깊이에 걸쳐 새겨져 있다. 창조의 말씀, 모든 피조물에 육화하여 현존하시는 말씀이 십자가에서 완전하고 가시적으로 드러난다. 십자가 위에 쏟아진 사랑은 피조물의 모든 곳에서 일하시는 말씀의 사랑을 가시적으로 표현한 것이다. 십자가는 모든 피조물의 현실 속 높이와 깊이, 길이와 폭 안에서 보이지 않게 활동하시는 하느님 말씀의 십자가적cruciform 활동을 완전하게 가시적으로 드러낸다.[21] 또한 세 번째 장에서 논의된 아타나시우스의 확고한 신념, 곧 십자가의 말씀이 창조의 말씀이라는 것과 땅이 흔들리고 산이 갈라지는 것과 같이 온 피조물이 예수의 죽음에 참여한다는 십자가에 대한 마태오 복음의 기록에 관한 그의 성찰, 곧 깊은 육화에 대한 성사적 이해와도 공명하는 바가 있다. 아타나시우스는 십자가에서 말씀이 돌아가실 때 피조물들이 침묵하지 않았다고 지적한다. 오히려 "육신으로 알려지고 고통을 당하신 분이 단순한 사람이 아니라 하느님의 아들이자 만물의 구세주임을 온 피조물이 고백하고 있었다."[22]고 말한다.

21세기인 지금, 고통받는 피조물과 함께하는 하느님의 구속 고난의 성사로서의 십자가신학은, 말씀의 육화를 통해 세상에 쏟아부어진 사랑, 예수의 십자가로 절정에 달하

---

[21] Irenaeus, *Demonstration*, in *St. Irenaeus of Lyons: On the Apostolic Preaching*, trans. John Behr (Crestwood, NY: St. Vladimir's Seminary Press, 1997), 34.

[22] Athanasius, *On the Incarnation*, in *Athanasius: Contra Gentes and De Incarnatione*, 19.

는 사랑이 우리가 살고 있는 진화적 세계의 모든 피조물에게 하느님의 자애로운 현존을 확증하게 한다고 말할 수 있게 해 준다. 그것은 우리가 신음하는 피조물과 동반하시는 하느님, 그리스도 안에서 해방과 완성에 참여를 약속하시는 하느님에 대해 말할 수 있게 해 준다.

부활: 모든 피조물을 포용하는 치유와 완성의 약속

내 견해로는 그리스도의 부활에 대한 약속은 깊은 육화에 필수적이다. 하느님이 고통의 감각을 지닌 피조물에게 사랑으로 현존하신다고 말하는 것만으로는 충분하지 않다. 하느님이 피조물과 함께 고통을 겪으시는 것과 그들에게 약속된 부활 모두 깊은 육화에 필수적이다. 나는 크리스토퍼 사우스게이트가 진화의 대가에 대한 신학적인 응답에는 적어도 네 가지 요소가 포함된다고 말한 것에 동의한다. 그는 이것을 "복합 신정론compound theodicy"[23]이라고 불렀

---

[23] Christopher Southgate, *The Groaning of Creation: God, Evolution and the Problem of Evil* (Lousville, KY: Westminster John Knox Press, 2008); "Does God's Care Make Any Difference? Theological Reflections on the Suffering of God's Creatures," in *Christian Faith and the Earth: Current Paths and Emerging Horizons in Ecotheology*, ed. Ernst M. Conradie, Sigurd Bergmann, Celia Deane-Drummond, and Denis Edwards (London: Bloomsbury, 2014), 97-114. 나는 사우스게이트가 하느님이 우리의 유한한 세상을 창조할 수 있는 유일한 방법은 내재된 대가가 존재하는 진화 과정을 통해서라고 제안한

다. 나는 사우스게이트가 네 가지 요소에 관하여 말한 것과 약간 다른 방식으로, 피조물의 고통에 대한 신학적인 응답은 적어도 다음 네 가지의 신학적인 입장을 포함해야 한다고 제안한다. (1) 우리는 진화적 우주 속에 있는 진화적 존재로서, 자연 과정의 적절한 자율성을 존중하는 비개입주의의 방식으로 하느님에 의해 창조되었다.[24] (2) 하느님은 피조물의 고통을 느끼고, 자애로움으로 그들과 동행하며, 구속을 위해 그들과 함께 고통을 겪으시는 분으로 생각할 수 있다. (3) 부활의 약속은 "피조물도 멸망의 종살이에서 해방되어, 하느님의 자녀들이 누리는 영광의 자유를 얻을 것"로마 8,18- 25 참조이라는 것이다. (4) 인간은 지구 생명 공동체의 번영과 치유를 위한 생태적 헌신을 통해 더 넓은 범위의 피조물을 향한 하느님의 사랑과 활동에 참여하도록 부름받는다.

사우스게이트와 마찬가지로, 나는 이 요소들이 피조물에 내재된 상실과 고통에 대한 응답을 위해 필수적이라고 생각하며, 이 요소들이 깊은 육화의 신학을 위해 필요하다

것에 동의하지 않는다. 왜냐하면 나는 우리가 욥처럼 이해할 수 없는 존재 앞에 서 있고, 하느님이 창조하시는 방식에 대하여 완전히 알고 있다고 주장할 수 없기 때문이다. 이러한 부정 신학적 요소는 내가 피조물의 고통에 대한 성찰을 신정론 측면에서라기보다 단순히 신학적 응답으로 설명한다는 것을 의미한다.

[24] 하느님의 행동의 비개입주의적 성격에 관한 것은 다음에서 논의한 바 있다. *How God Acts: Creation, Redemption, and Special Divine Action* (Minneapolis: Fortress, 2010).

고 생각한다.

이들 중 세 번째 요소인 부활의 희망은 충분히 발전된 것은 아니더라도 처음부터 깊은육화신학에 내재되어 있었다. 부활하신 그리스도 없이는 깊은육화신학도 있을 수 없다. 그레게르센은 고통받는 피조물들에게 있어서 하느님의 현존은 고통을 적극적으로 변화시키고 생명을 가져다주는 것이라고 생각하고 있으며, 피조물 전체를 위한 부활 생명의 약속을 굳게 믿고 있다.

이 지점에서 나는 그레게르센의 견해와 나의 견해 사이에 강조의 차이가 있음을 알게 되었다. 그레게르센은 육화와 부활에 대한 단순한 역사적, 연대기적 접근 방식을 비판하면서, 로고스는 항상 육화되었다고 강력하게 주장한다. 그는 우리의 제한된 역사적 시간적 틀에서, 우리가 말할 수 있는 것은 단지 로고스가 항상 예수 안에서 육화되려고 했다는 것뿐이라고 인식한다. 한편 하느님 생명의 관점에서 볼 때, 육신이 없는 로고스는 결코 없었고, 앞으로도 없을 것이라고 그레게르센은 말한다. 내면에서부터 고통과 죽음을 인식하는 그리스도가 없는 하느님 생명은 결코 존재할 수 없다. 어린 양은 "세상 창조 이래 … 살해된" 존재이다.묵시 13,8

나는 로고스가 항상 육화되어 있다는 주장에 대해 신중하게 생각한다. 우선, 나는 우리가 하느님의 생명에 대해 하느님의 관점에서 많은 것을 말할 수 있다고 확신하지 못한다. 나는 우리가 피조물로서의 시간적 한계 안에서 알 수 있는 것이 제한되어 있다고 생각하는 편인데, 이는 하느님의 영원한 관점은 우리의 관점을 훨씬 뛰어넘는다는 것을 받아들이는 것과 같다. 육화의 개념에서는 하느님이 시간과 역사를 포용하고 역사적 한계를 수용하고 존중한다고 생각하므로, 깊은육화신학도 같은 방식으로 전개할 수 있다고 생각한다. 나는 이레네우스, 아타나시우스, 라너가 창조와 구원의 경륜을 하느님의 단일 의지 안에서 결합되었지만, 그것은 시간과 역사 속에서만 발생하고 오직 하느님 안에서만 완성에 이르는 것으로 생각한다는 것을 잘 알고 있다. 그들은 육화를 통해서 완전히 새로운 어떤 일이 발생한다고 생각하였고, 라너는 하느님의 말씀이 육신이 되었다고 주장한다. 우리 인류 역사와 우주 역사 안 어느 시점에 하느님의 말씀이 피조물이 되었고, 새로운 어떤 존재가 되었다. 만일 누군가가 그 말씀이 영원히 육신이었다고 말한다면, 하느님의 이 행위가 얼마나 경이롭고 신비한 것인지 이해하기 어려울 것이다. 그러므로 나는 세상이 생기기 전에 살해된 어린 양은 하느님의 지혜/말씀을 가리키는 것이며, 그분은 피조물에게 치유와 생명을 가져다주기 위해 육신이 되어 고통과 죽음을 받아들여야 했던 분이라고 해석해야 할 것 같다.

이러한 생각은 실리아 딘 드러몬드의 작업과 그의 하느님 드라마로서의 깊은 육화 개념으로 뒷받침될 수 있다. 육화에 대한 이러한 드라마적 접근은 하느님의 말씀이 어떻게 나자렛의 연약하고 육적이며 죽을 수밖에 없는 예수 안에 내재되어 있는지를 보여 준다. 그것은 예수의 삶과 십자가상 죽음이 갖는 특수성과 우연성 그리고 이 드라마가 하느님 삼위일체의 생명에 어떻게 근거를 두고 있는지를 보여 준다. 하느님 드라마의 관점에서 볼 때, 육화는 우리 세상에 하느님의 사랑이 들어오는 극적인 방식으로 이해된다. 딘 드러몬드에게 그리스도의 생애와 죽음의 하느님 드라마는 부활이라는 극적인 사건으로 펼쳐지므로, 그리스도의 죽음과 부활은 그 범위가 완전히 포괄적이며, "그리스도를 통해 모든 피조물에게 나타난 하느님의 사랑이 보편적인 범위로 확대되는 것"[25]으로 볼 수 있다.

부활이 보편적으로 미친다는 나의 견해는 그리스도를 통한 모든 피조물의 화해와 창조에 대해 말하는 신약성경의 다양한 구절에 근거한다.1코린 8,6; 로마 8,18-25; 콜로 1,15-

---

[25] Celia Deane-Drummond, "The Wisdom of Fools: A Theo-Dramatic Interpretation of Deep Incarnation," in *Incarnation: On the Scope and Depth of Christology*, ed. Niels Gregersen (Minneapolis: Fortress, 2015), 200-201.

20; 에페 1,9-10; 20-23; 히브 1,2-3; 2베드 3,13; 요한 1,1-14; 묵시 5,13-14; 21,1-5; 22,13 **깊은 부활에 대한 신학은 지난 세 장에서 논의된 이레네우스, 아타나시우스, 라너의 견해를 바탕으로 구축될 수 있는데, 이 세 사람은 더 넓은 범위의 피조물이 인간과 함께 하느님 안에서 피조물 전체의 최종 변화에 참여한다고 보고 있다. 그러나 나는 우리가 하느님 안에서 만물의 미래가 어떨지 명확히 이해하거나 정확한 그림을 그릴 수 없다고 확신한다. 왜냐하면 인간을 포함한 모든 피조물의 미래는 하느님의 이해할 수 없는 신비 속에 있기 때문이다. 우리가 가진 것은 명확한 그림이 아니라 십자가에 못 박힌 그리스도의 부활에 대한 하느님의 깨지지 않는 약속이다. 육화하신 분과 그분의 삶과 사명 그리고 그분의 십자가를 통해 자신을 내주는 사랑으로 계시되는 하느님의 성품에 근거하여, 우리는 하느님께서 참새 한 마리도 놓치지 않으시고 돌보실 뿐만 아니라**마태 10,29; 루카 12,6, **하느님께서 알고 계신 방식으로 그들 각자를 구속의 충만함으로 이끌어 주실 것이라고 믿을 수 있다. 예수 안에서 발견된 하느님 사랑의 계시에 근거하여, 우리는 모든 종과 모든 살아 있는 개별 생명체가 하느님과의 친교를 통해 그들의 자리를 찾을 것이라고 믿을 수 있다.**

그리스도 안에서의 구속의 충만함은 피조물 실재가 근

본적으로 상호 연결된 세 가지 측면에서 신화의 변화를 이루는 것으로 이해될 수 있다. (1) 물질과 관련하여, 육화와 부활에서의 절정은 모든 과정과 실체를 포함한 우주 변화의 시작이며, 영광과 성취의 시작이다. (2) 생물학적 생명과 관련하여, 성경의 약속은 그리스도 안에서 "피조물" 자체의 최종 해방과 성취로마 8,19를 위한 것이며, 총괄갱신에페 1,10과 그분을 통한 "만물"의 화해콜로 1,20를 위한 것이고, 여기에는 예측할 수 없는 방식으로 다른 종과 저마다의 피조물들도 포함된다. 그리고 (3) 인류와 관련하여, 죄의 용서, 성령의 내주, 하느님의 사랑하는 자녀가 되는 것, 부활 생명, 삼위일체의 삶 안에서 모든 피조물과 친교를 이루는 것을 포함한다.

하느님은 나자렛 예수를 통해 '육신'을 품으셨고, 그리하여 육신을 가진 피조물이 변화되어 살아 계신 하느님과 온전히 교제할 수 있도록 하셨다. 육화를 통해 드러난 하느님의 성품에 대해 우리가 알고 있는 바에 따르면, 이러한 변화는 각 피조물과 각 종에 적절하고 합당할 것이라고 안전하게 주장할 수 있다. 이 변화된 육신에는 캥거루와 돌고래, 참새 한 마리 한 마리가 모두 포함되며, 각자에게 적합한 방식으로 변화가 이루어진 것이다. 그것들은 하느님의 영원한 지혜를 통해 창조되었으며, 그들 안에 거하시는 하느님의 성령을 통해 그리스도 안에서 구속과 화해에 실제 방식으로 참여한다. 육신이 되신 말씀 안에서, 하느님은 사랑 안에서의 근본적 일치와 깨지지 않는 약속인 사건을 통해, 그들의 모든 진화 과정 속에서 지상의 모든 생명을 포용하신다.

《찬미받으소서》와 깊은 육화

현재의 지구 상태, 우리가 이미 경험하고 있는 기후변화, 종의 파괴적인 손실, 지구에서 가장 가난한 사람들에게 가해지는 생태 재난의 끔찍한 부담을 고려할 때, 나는 프란치스코 교황의 《찬미받으소서》가 21세기 가장 중요한 교회 문서가 되리라고 생각한다. 회칙의 중심에는 고통받는 인류와 지구상의 생명 공동체를 향한 하나의 통합된 헌신을 요구하는 생태적 회심에 우리가 부름받았다는 생각이 있다. 프란치스코 교황은 지구가 우리 공동의 집이고, 모든 것이 서로 연결되어서 상호 의존적이며, 우리 모두가 피조물의 숭고한 친교에 참여하는 친족이라고 주장한다.

《찬미받으소서》는 자연 세계에 대한 괄목할 만한 신학을 제시한다. 자연 세계를 단순히 인간의 사용을 위해 주어진 것으로 보는 그리스도교의 관점을 가르치는 대신, 다른 피조물과 생태계가 하느님 앞에서 고유한 가치를 지니고 있다고 선언한다. 《찬미받으소서》에서는 이 고유한 가치에 대해 세 가지 이유를 제시한다. 곧, 하느님은 모든 피조물을 사랑으로 품으신다. 하느님은 그들 각각의 내면에 현존하신다. 그리고 그들 각각은 인간과 함께 하느님이 만물을 최종적으로 변화시키실 때에 참여한다. 프란치스코 교황은 자연 세계를 하느님의 계시로, 성경과 더불어 하느님의 책으로 본다.

《찬미받으소서》는 신학자들이 배우고 토론하고 신학적으로 발전시켜야 할 필요가 있는 문서이다. 내 생각에, 깊은육화신학은 《찬미받으소서》 신학에서 토론할 수 있는 두 가지 핵심 통찰을 제시한다. 첫 번째는 창조신학에 육화를 체계적으로 자리매김하는 문제이고, 두 번째는 진화적 존재의 부정적 측면이라고 할 수 있는 것에 대한 신학적 응답에 관한 것이다.

육화에 대한 조직신학

《찬미받으소서》에서 피조물에 대한 중심적인 신학적 관점은 두 번째 장인 '창조의 복음'에 잘 나타나 있다. 이 장에서 프란치스코 교황은 성경에 근거하여 피조물 전체를 하느님 앞에 상호 연결된 공동체로 보는 신학을 설명한다.

여기에는 강력하고 중요한 내용이 많이 언급되어 있지만, 주로 구약성경에 근거한 창조신학으로, 장의 끝부분에 신약성경의 창조에 관한 구절이 몇 군데 인용되어 있다. 《찬미받으소서》가 충분히 길기는 하지만 그렇다고 모든 것을 다 담을 수는 없었을 것이다.

회칙의 후반부에서 프란치스코 교황은 부활하신 그리스도께서 모든 피조물에게 현존하시고 피조물의 우주를 완성으로 이끄신다고 썼다. 그는 콜로새서 1,19-20과 코린토 전서 15,28을 인용하면서 다음과 같이 말한다. "이리하여 이 세상의 피조물은 더 이상 단순한 자연의 형태로만 우리에게 나타나지 않습니다. 부활하신 분께서 이 모든 피조물을 신비롭게 간직하시며 그들의 목적인 충만으로 이끌어 주시기 때문입니다. 예수께서 인간의 눈으로 바라보시며 감탄하셨던 들판의 바로 그 꽃들과 새들은 이제 그분의 빛나는 현존으로 충만하게 됩니다."100항 프란치스코 교황은 이어서 다음과 같이 적었다. "그리스도께서는 이 물질 세계에 몸소 오시고 이제 부활하시어 모든 존재의 내면에 현존하시며 사랑으로 감싸 주시고 당신 빛으로 밝혀 주신다는 확신이 포함됩니다."221항 성사235항와 성찬례236항에 대해 논할 때에도, 프란치스코 교황은 생태론과 관련된 육화신학을 간략하게 언급한다.

프란치스코 교황의 통찰이 육화신학을 기반으로 한다는 것은 분명하지만,《찬미받으소서》에는 그러한 신학을 발전시키거나 피조물과 육화의 구조적 연결성을 보여 주려는 시도는 없다. 요한복음의 서문이 99항에 언급되어 있지만, 회칙은 육화와 창조의 말씀에 대해 체계적인 신학을 발전시키지는 않았다. 이러한 연결은 이 책에서 논한 신학, 곧 이레네우스, 아타나시우스, 라너의 작업에서 이루어지며, 닐스 그레게르센, 리처드 보컴, 실리아 딘 드러몬드, 엘리자베스 존슨 등의 깊은육화신학에서 새로운 방식으로 명확하게 발전한다. 내 생각에, 깊은육화신학은《찬미받으소서》의 예언적 가르침에 신학적인 토대를 제공할 수 있으며, 나아가 그 신학에서 필요로 하고 또 거기서 적절하게 발전된 신학이라고 할 수 있다.

피조물의 부정적이고 폭력적인 측면

《찬미받으소서》는 진화의 대가, 곧 38억 년의 생명 역사 동안 존재했던 종의 손실, 고통, 포식, 죽음 그리고 대부분의 멸종에 대해서는 언급하지 않는다. 자연 세계의 폭력에 대한 인정은 거의 없다. 다시 말하지만,《찬미받으소서》가 모든 것을 다 담을 수 없었다는 것은 충분히 이해할 수 있다. 그러나 나는 이 매우 중요한 가르침의 본문과 관련하여 자연의 부정적인 측면과 그로 인한 대가의 문제를 다루는 것이 그리스도교 신학을 위하여 꼭 필요하다고 생각한다.

이 문제는 프란치스코 교황이 자연 속에서 하느님을 경험하는 것에 대해 아름답게 기술하는 내용에 초점을 맞춘다. "물질 세계 전체는 하느님의 사랑, 곧 우리에 대한 무한한 자애를 나타냅니다. 흙과 물과 산, 이 모든 것으로 하느님께서 우리를 어루만지십니다."84항 그는 자연의 책이라는 고대 전통을 받아들인다. 곧, 하느님께서는 소중한 책을 쓰셨는데, "이 책의 글자들은 세상에 존재하는 다양한 피조물들입니다."85항라고 한다. 그는 또 이렇게 말한다. "가장 뛰어난 장관에서부터 가장 작은 생명체에 이르기까지, 자연은 경탄과 경외의 끊임없는 원천입니다. 이는 또한 하느님의 끊임없는 계시입니다."85항 다른 부분에서는 "자연은 사랑의 언어로 넘치지만"225항이라고 간단하게 언급한다. 나는 이러한 본문들이 영감을 주고 도전을 불러일으킨다고 생각한다.

그러나 자연이 무자비하고 잔인하게 우리에게 맞설 수 있다는 생각을 덧붙이는 것이 중요하다고 생각한다. 인간을 비롯한 수많은 동물은 지진이나 쓰나미와 같은 자연재해와 인간의 폭력으로 인해 큰 고통을 받는다. 그러므로 그레게르센이 하느님은 모든 피조물에게 보편적으로 존재하지만, 모든 경우에 하느님을 같은 방식으로 드러내지는 않는다고 지적한 것은 옳다. 그레게르센이 말하듯이, 하느님은 어디에나 계시지만, 어디에서나 분명히 드러나시는 것은 아니다. 하느님은 강제 수용소에서 드러나시지 않는 것처럼, 자연 선택의 모든 과정에서도 분명하게 드러나시지 않는다. 그러나 하느님은 자연 선택 안에도 계시고 강제 수용소의 공포 속에도 계신다. 하느님은 자연적, 인간적 공포로 고통받는 사람들에게 부재하시는 게 아니라, 자애로운 사랑과 약속으로 동반하면서, 그들과 함께, 그들을 위해 철저하게 현존하신다.

깊은 육화에 관한 이 탐구를, 미학적 용어로 깊은 부활의 희망을 표현한 프란치스코 교황의 말로 마무리하고자 한다.

> 마침내 우리는 하느님의 한없는 아름다움을 얼굴을 맞대듯 마주할 것이고 1코린 13,12 참조 세상의 신비를 경탄하고 기뻐하며 이해하게 될 것입니다. 그때에는 우주도 우리와 함께 그 무한한 충만에 함께할 것입니다. … 영원한 삶은 우리가 함께 나누는 하나의 경이가 될 것입니다. 그 삶 속에서 눈부시게 변모된 피조물들은 자신의 자리를 찾고, 궁극적으로 해방된 가난한 이들에게 어떤 이바지를 하게 될 것입니다.[26]

---

[26] Pope Francis, *Laudato Si'*, para. 243.

| 찾아보기 |

ㄱ

고난/고통
    고통에 대한 신학적 응답 216-217
    구속적 공동 고난의 성사로서의 십자가 206-215
    구원론적 공동 고난 61
    그리스도의 깊은 고난 63
    근원 깊은 곳에서의 패배 160
    사우스게이트의 신학 안에서의 고통 48-52
    생태적 회심과 고통 222
    십자가의 하느님 드라마 안에서 45-47
    진화의 대가로서 고통 33, 206, 215
    피조물과 함께 고통받는 하느님 33-35, 38-40, 65-66, 146,
              182-183, 187, 198, 202-205, 211-212, 214, 227

고백자 막시무스 43, 57

《교리 강해》 142

깊은 성령론 48

깊은 육화
    그레게르센의 발전 이론 30-35, 59-70, 195-196, 217
    딘 드러몬드의 하느님 드라마적 접근 42-48, 219
    라너, 이해의 폭을 넓힘 151-154, 155, 182-184, 206-207, 211
    보컴의 모델 비판 56-59
    사우스게이트의 신정론 48-53, 215-216
    성령의 역할 187-193

아타나시우스, 신학적 비교 112-113, 145-148, 214-215
엘리자베스 존슨, 그레게르센의 신학을 기반으로 35-42
이레네우스와 깊은 육화 71, 107-110
《찬미받으소서》 안의 깊은 육화 222-223
피조물과 함께하시는 하느님의 구속적 고통 211-215
현대적 해석 77, 111

ㄴ

니사의 그레고리우스 142-143, 148
나지안주스의 그레고리우스 155, 197
닐스 그레게르센
그리스도의 공동 구성 요소인 우주적 관계 66-69, 194-198
그리스도의 구속적 공동 고난에 관하여 34, 39, 186-187
깊은 고난과 부활 63
소우주 접근 방식 66-69
십자가가 드러내는 모든 피조물과의 연대 51-52, 212-213
십자가신학의 확장 30
육신이 없는 로고스의 불가능성 217
전현으로 표현되지 않는 하느님 65, 227
정체성 그리스도론에 의한 영향 60-61
진화의 통합 속성 30-31
피조물과 함께 고통받는 하느님 33-35
확장된 그리스도의 몸이라는 개념의 장려 62

ㄷ

데니스 민스 74, 78, 82, 89
둔스 스코투스 69, 164
떼야르 드 샤르댕 57, 196

ㄹ

라오디케아의 아폴리나리스 155
로만 지벤록 150
리옹의 이레네우스
    깊은육화신학과 비교 71, 107-110, 111
    땅의 회복 94-98
    말씀과 성령으로 역사하시는 하느님 187-188
    모든 피조물에 새겨진 그리스도의 비전 211-212
    무로부터의 창조 옹호 76, 115
    묵시록 본문에서의 영감 92-93, 107
    새 아담으로서의 그리스도 211
    아담, 흙의 피조물 78-84
    아타나시우스가 기초로 한 신화신학 132
    위대하심/사랑의 짝 이룸 101-107
    창조와 구원의 대칭성 40
    창조와 육화 사이의 구조적 연결 225
    창조주 하느님 73-74
    총괄갱신신학 77, 84-92, 108, 197
    최종 변화에 더 넓은 범위의 피조물이 참여 220
    하느님과 피조물 사이에 중개자 없음 137
    하느님의 의지 안에서 연결되어 있는 구원과 창조 218
    하느님의 인식 102-107
    하느님의 초월성 98-101, 199-205
리처드 보컴
    그리스도론적 의미 53-56, 194
    그리스도와 피조물의 생태적 상호 연결성 58, 66, 194-197
    깊은 육화, 상호 연결성 57-59
    새로운 종류의 현존으로서 육화 56-59

성경에 기초한 하느님 현존 53-56, 194
신약성경의 높은 그리스도론 32
정체성 그리스도론 60

ㅁ

마그니튜도(신적 초월성, magnitudo) 101-105, 109, 200
마리아, 그리스도의 어머니 88, 120, 134, 190
마이클 슬러서 100-102, 106
마크 존슨 61
마틴 루터 30, 40, 68
밀라노의 암브로시우스 189-190

ㅂ

발렌티누스 71-74, 86, 107
발터 카스퍼 187, 190-191
베네딕토 16세 교황 39
부활
  과정으로서의 부활 65
  그리스도의 하느님 드라마 안에서 45-46
  깊은 부활 40, 63, 109, 220, 227
  라너 신학 안에서 159-162, 182-184, 209
  모든 피조물이 참여하는 부활 133-135, 147, 184, 215-222
  부활을 통한 온 우주의 변화 170-176, 184
  아타나시우스 신학 안에서 113, 118, 120-125, 129
  이레네우스 신학 안에서 92-98, 108-110
브랜든 피터슨 210

ㅅ

《사도적 가르침의 논증》...... 71-72, 86

《상징의 신학》...... 208

샐리 맥페이그 37

생태신학 43-44, 48, 186

생태적 회심 48, 222

성 바오로

   믿는 이들의 부활 65

   성령의 권능으로 일어나는 부활 192-193

   아담과 그리스도 81, 211

   예수에 의한 모든 계명의 총괄갱신 84

   하느님께 영광을 돌리지 않는 인간 128

성 보나벤투라 40, 57-58, 66, 68-69

성 폴리카르포스 71, 93, 96

성령

   그리스도 안에서의 구속 220

   깊은 육화 안의 실질적 현존 47-48, 62-63

   삼위일체 신학으로 돌아올 것을 요청 187

   생명을 불어넣으시는 분 81

   아타나시우스의 성령의 신성 옹호 115-116, 130, 134

   암브로시우스의 창조주 성령 189-190

   육화를 일으키시는 분 187

   이레네우스의 신학에서 78-81, 88, 97

   일치(위격적 결합)의 은총 191-192

   창조되지 않은 은총, 성령 안에 현존하는 하느님 149-150

   하느님 드라마에서의 역할 46

성령 그리스도론 191

《성령에 관하여》...... 189

스콜라신학 190
시노페의 마르시온 71-72, 107
신정론 31, 49-52, 215-216
실리아 딘 드러몬드
    성령, 깊은 육화에서의 역할 46-47, 188
    육화의 우주적 의미 43
    하느님 드라마로서의 깊은 육화 43-47, 219

ㅇ

아담
    그리스도 안에서 아담의 총괄갱신 87-88
    불순종 83, 87-88
    새 아담으로서의 그리스도 87, 211
    흙의 피조물로서 77-78, 80-82, 87
아리우스주의 111, 125, 132
《아리우스주의자에 대항하는 강론》 125-126
아브라함 90, 94
아이온 72, 101, 199
알렉산드리아의 아타나시우스 26
    모든 피조물의 최종 변화 220
    무로부터의 창조 115, 117
    삼위일체, 공리 187-188
    예수의 죽음과 부활, 보편적 참여 122, 133-134, 146-148, 213-214
    육이 되신 말씀의 완전한 신성 111-112
    육화와 창조, 연결 113, 198-199, 218, 223-225
    육화의 이유 118-121
    인간의 신화 129-133, 140-141, 145-148, 201

하느님과 피조물 사이 중개자의 불필요성 136-137, 142

하느님과 피조물의 결합의 그리스도론 113

하느님의 불변성 151

하느님의 지혜 125-129

하느님의 초월성 139-140, 147, 198-205

알렉산드리아의 오리게네스 93

엘리자베스 존슨

그리스도 안에서 모든 피조물의 변화 42

깊은 부활 40, 63

모든 감각을 지닌 생명과 함께 고난받으시는 그리스도 39

우주적 사건인 육화 37

영지주의 72, 77, 94, 96, 98, 101, 106, 199

예수 그리스도

고통받는 피조물에 현존하시는 하느님을 인식 38-39, 42

구속 고난과 십자가 186-193

그레게르센의 저서에서 60-70

그리스도 안에서 구속은 신화의 변화를 이룸 220-221

그리스도 안에서 영원히 거룩해지는 물질 175

그리스도에 관한 인간의 합리적 사고 155

그리스도의 두 번째 오심 169, 174

그리스도의 케노시스적 사랑 202

깊은육화신학 안에서 34, 35, 41

높은 그리스도론 32, 54-55

말씀 그 자체에 의해 성령이 충만하게 됨 191

보쿰, 예수 현존의 유일무이한 고유성 55-59, 60-61

부활하신 그리스도는 여전히 이 땅의 일부 158-162, 182-185, 224

새 아담으로서 80-84, 87, 211

성자의 나라 92-98

아타나시우스의 그리스도론 …… 111-113, 123-124, 131-132, 141, 145-148
　　예수 그리스도와 하느님의 초월성 …… 198-201
　　육신이 되신 말씀의 관계성 …… 198
　　육신이 없는 로고스 개념 …… 217
　　육화의 위격적 결합 안에서 …… 163, 184, 191-192, 197
　　이레네우스와 십자가신학 …… 76, 80, 83, 86, 88-90, 108-110
　　인과성으로서 세계의 신화 …… 170-172
　　진화 세계 속에서의 육화 …… 162-170
　　총괄갱신신학 안에서 …… 84-92
　　피조물의 맏이 …… 40, 134, 137
　　피조물의 생태적 중심 …… 194-196
　　하느님 드라마와 예수 …… 43-48
　　하느님과 연결된 인간 …… 103-104, 130, 133-135
　　하느님께 향하는 피조물의 자기초월로서 …… 166-167, 183
　　하느님인 예수 …… 152-153, 193
외계 생명체 …… 151, 176-181, 185
요한 바오로 2세 교황 …… 192
'유일한 길'에 관한 논쟁 …… 50-51
《육화에 대하여》
　　무로부터의 창조의 옹호 …… 115
　　부활의 증거로서 그리스도의 몸 …… 124-125
　　신화라는 용어 …… 132
　　육화의 이유 …… 118-121
　　《이교도 반박》의 두 번째 구성으로서 …… 112-113
육화의 조직신학 …… 189, 223-225
은총 …… 119, 211-212
　　구원 은총의 상징으로서의 십자가 …… 209

라너 신학에서의 은총 149-150, 165-167, 207-213
외계 생명체와 은총의 수여 179-181, 185
은총의 생명을 주시는 성령 189-190
은총의 세계에 출현한 인간 189
최고의 은총인 위격적 결합의 은총 192

《이교도 반박》 112
《이단 논박》 71, 72, 98, 100, 102
이브 콩가르 187
인간의 신화
그리스도를 통한 신화의 변화를 이루는 구속 220-221
다른 피조물을 신화하시는 예수의 육화 146-148
라너의 견해 182-185, 197
부활을 통한 피조물의 신화 113
성령 그리고 인간의 신화 135
아타나시우스의 견해 129-133, 145
자기낮춤의 하느님, 역할 140, 201-202

ㅈ

적그리스도 93
제이 맥다니엘 52
존 맥쿼리 54
존 베어 75, 89, 123-124, 131
죄
근원 깊은 곳에서의 패배 160
인간의 죄에 대한 대속으로서의 십자가 170
인간의 죄와 상관없이 계획된 육화 164
자연의 고통의 원인과 인간의 죄 49-50
죄로 인한 것이 아닌 생물학적 죽음 30

죄로부터 발생하는 악 114
　　죄에 대한 프란치스칸의 관점 69
　　죄에 대한 하느님의 반응 119-120
준형식적 인과성 167
〈지구를 사랑하는 신앙〉 157
진화 148
　　그레게르센의 노력 30-35, 66
　　대가에 관한 신학적 응답 215-216, 225-226
　　라너의 육화와 진화에 대한 견해 162-170
　　보컴의 진화와 깊은 육화에 대한 견해 57
　　사우스게이트의 진화적 신정론 48-53
　　진화 시대에서의 자기초월 166, 174, 183
　　현대 진화 의식 182-184

ㅊ

《찬미받으소서》 222
총괄갱신 77, 84-87, 91-92, 108, 197, 210, 221

ㅋ

칼 라너
　　그리스도의 두 번째 오심 169
　　깊은 육화 통찰 155-157, 181-185
　　나지안주스의 그레고리우스의 말을 확장 197
　　땅의 일부로 남아 계신 부활하신 그리스도 158
　　서방 신학에서의 부활 170
　　순수 현실태로서의 하느님 151
　　십자가에 관한 성사적 이해 206-215
　　외계 생명체에 대하여 176-181, 185

육신이 되신 불변의 하느님 199-204
육화의 신비함 218
은총의 세계 안에 출현한 인간 149, 189
자기초월의 신학 166-168
조직신학 작업 189, 223
죽음 이후의 삶에 관한 사전 지식이 없는 인간 41
케노시스 153-154, 183, 201-202, 204
하느님이 계획하신 사건으로서의 육화 154, 197-198

칼레드 아나톨리오스 113, 126, 138-142, 202

케노시스
그리스도교의 육화에 관한 관점 152-154
십자가의 케노시스적 사랑 148
케노시스적 자기낮춤 38, 145-148, 202
하느님의 케노시스적 성품 32-33, 140, 153-154, 183, 201-204

크리스토퍼 사우스게이트
고통받는 피조물에 현존하시는 하느님 39, 51
복합 신정론 49-53, 215
'유일한 길'에 관한 주장 50-51
하느님과 함께 만물의 공동 구원자 소명을 받은 인간 52-53

ㅌ

토마스 오메아라 177
토마스 토렌스 91

ㅍ

폴 가브릴류크 144
폴 샌트마이어 40
프란치스코 교황 222-224

플레로마 72, 199
《피조물의 탄식》 49
필란트로피아(philanthrōpía) 138-140, 201

ㅎ

하느님 158, 174, 221
  깊은육화신학 안에서 45-48, 60-61, 215-222
  니사의 그레고리우스의 하느님의 자기비허 142-145, 147-148
  라너의 구원론 206-211
  마르시온의 신학 71-72
  무로부터의 창조로서 115-118
  사우스게이트의 복합 진화적 신정론 48-53
  성령을 통한 창조되지 않은 은총 149
  십자가의 드라마를 연출하시는 43-45
  아타나시우스의 신학 안에서 113-114, 119-120, 122-124, 125-129
  외계 생명체와 하느님의 관계 176-181
  육화를 통한 하느님의 변화 151-154
  육화를 통해서 모든 피조물과 일치 112, 192-193
  자기베풂의 하느님 150, 154, 167-169, 172
  자기통교의 하느님 180
  자연 안에서 하느님을 경험하는 것에 관한
    프란치스코 교황의 견해 226
  피조물과 함께하는 공동 고난 34, 39, 60, 63, 109-110, 186-187,
                                198-205, 211-215, 227
  필란트로피아에 대한 하느님의 능력 201
  하느님 사랑과 초월 99-100, 105, 109-110, 199-200
  하느님 사랑의 그리스도적 패러다임과 엘리자베스 존슨 37
  하느님과 피조물 사이의 중개자인 로고스 136-137

하느님을 거부할 가능성 157
하느님의 구원 경륜 73, 75-77, 80-84, 90, 92-94, 104, 108, 180
하느님의 두 손(말씀/성령) 75, 78-79, 81, 110, 188
하느님의 자기베풂 150, 154, 167-169, 172
하느님의 케노시스적 특성 32-33, 38, 140, 148, 153-154, 183, 201-204
하느님의 현존에 관한 보컴의 견해 53-59

하느님 드라마 43-48, 212, 219

하느님의 사랑(dilectio) 100-109, 200

하느님의 초월성
   니사의 그레고리우스의 개념 재정의 141-143
   라너의 신학 안에서 153-154, 202-205
   신의 비수난성 199
   아타나시우스의 견해 136-140, 146-148
   이레네우스의 문제 해결 100-101, 109-110
   자애(philanthrōpía)의 특성을 지닌 139, 201
   준형식적 인과성 안에서 167

하비 이건 164

한스 우르스 폰 발타살 43-47, 109

《헤르마스의 목자》 99, 100

히에로폴리스의 파피아스 93, 96

M. C. 스틴버그 75